Erich Wasmann

Beiträge zur Lebensweise der Gattungen Atemeles und Lomechusa

Erich Wasmann

Beiträge zur Lebensweise der Gattungen Atemeles und Lomechusa

ISBN/EAN: 9783743615779

Hergestellt in Europa, USA, Kanada, Australien, Japan

Cover: Foto ©ninafisch / pixelio.de

Manufactured and distributed by brebook publishing software (www.brebook.com)

Erich Wasmann

Beiträge zur Lebensweise der Gattungen Atemeles und Lomechusa

BEITRÄGE

ZUR

LEBENSWEISE DER GATTUNGEN ATEMELES UND LOMECHUSA,

VON

E. WASMANN, S. J.

HAAG.
MARTINUS NIJHOFF
1888.

I.

HISTORISCHE VORBEMERKUNGEN [1]); BEOBACHTUNGSMETHODE.

Das interessante Verhältniss von *Claviger foveolatus* Müll. zu *Lasius flavus* F., wurde schon wenige Jahrzehnte nach der ersten Entdeckung des Käfers [2]) durch P. W. J. Müller beobachtet und beschrieben. *Cl. longicornis* Müller hatte sogar das Glück, dass bereits sein erster Entdecker sein Gastverhältniss zu *Lasius umbratus* Nyl. beschrieb [3]). Dagegen blieben die gastlichen Beziehungen

---

1) Viele der im folgenden citirten Zeitschriften und Werke wurden mir aus der Bibliothek des Niederländischen Entomol. Vereins in Leiden freundlichst zur Verfügung gestellt. Auf einige werthvolle literarische Notizen wurde ich aufmerksam gemacht durch ein nachgelassenes Collectaneum (Manuscript) über Myrmecophilen-Literatur von Max Wahnschaffe, das mir durch Vermittlung von Herrn G. Breddin von dem Verwalter des Städt. Entom. Museums in Magdeburg, Herrn H. Hahn, zur Einsicht überlassen wurde. Die Mittheilung des Bohemann'schen Myrmecophilenverzeichniss verdanke ich Herrn Dr. Gottfr. Adlerz in Stockholm. Ich spreche hiemit ihnen sowie auch den übrigen Collegen, die mich bei dieser Arbeit unterstützt haben, meinen besten Dank aus, besonders Herrn Dr. Kraatz in Berlin, P. J. Carbonelle S. J. in Brüssel, und Herrn A. F. A. Leesberg im Haag.

2) Preyssler's *Claviger testaceus* wurde von Müller zwar für eine von *Cl. foveolatus* Müll. verschiedene Art gehalten, jedoch irrthümlich, wie sich später herausstellte.

3) „Beiträge zur Naturgeschichte der Gattung *Claviger*, von P. W. J. Müller, reformirtem Pfarrer zu Odenbach im königl. baier. Rheinkreise" (Germar's *Magazin der Entomol.*, III. Band (1818), S. 69—112, Taf. II).

1

der *Atemeles* und *Lomechusa* sehr lange verborgen. Paykull, der 1789 in seiner Monographie der Staphyliniden *Atemeles* [1]) *emarginatus* und *paradoxus* zuerst beschrieb (letzteren nur als Varietät des ersteren), berichtete nichts über ihren Wohnort in Ameisennestern; ja er wies dem *At. emarginatus* sogar seinen Aufenthalt in Schwämmen an. Fabricius nahm die Paykull'schen Arten auf und beschrieb überdies die *Lomechusa strumosa* (*Ent Syst.*, I, II, 525, 28; *Syst. El.*, II, 597, 36); aber auch er schweigt über ihren Fundort bei Ameisen gänzlich. Auch Gravenhorst sagt bei den genannten drei Arten (in seiner *Monogr. Coleopt. micropt.*) nichts über ihr Vorkommen in Ameisennestern. Der erste, der davon Kenntniss nahm, scheint wohl 1801 Schmid gewesen zu sein (*Illig. Magaz.*, I, p. 491), welcher *Lom. strumosa* in einem Ameisenhaufen im Winterschlafe fand. Er gab seiner Ueberraschung hierüber in den Worten Ausdruck: « Es ist mir noch nicht vorgekommen, dass Käfer, die sonst in natürlicher Feindschaft mit den Ameisen leben, mit diesen an einem Orte und in enger Verbindung Winterschlaf halten ». 1810 gab Gyllenhal in seinen *Insecta suecica* ausser von *Lom. strumosa* auch noch von *At. emarginatus* den Wohnort bei Ameisen an [2]). 1818 sprach P. W. J. Müller, der Entdecker der merkwürdigen Gastbeziehungen von *Claviger foveolatus* und *longicornis*, am Schlusse seiner « Beiträge zur Naturgeschichte der Gattung *Claviger* » (S. 110 ff.), die Ansicht aus, dass auch viele andere bei den Ameisen lebende Käfer « ebenfalls wie die Keulenkäfer als Freunde und Hausgenossen, wenngleich nicht in demselben Grade behandelt werden ». Er zählt sodann *Dinarda dentata* Grav., *Lom. strumosa* F., *At. paradoxus* Grav., *Amphotis marginata* F. und *Hetaerius quadratus* Kug. auf und fährt fort: « Ihre Oekonomie ist mehr oder weniger der der Keulenträger ähnlich . . . . . alle werden von den Ameisen umlagert und

---

1) Hier wie im Folgenden gebrauche ich der grösseren Deutlichkeit halber die heutigen Gattungsnamen.

2) Soweit die bisherigen speciellen Fundortsangaben von *Atemeles* und *Lomechusa* bei Ameisen einigermassen zuverlässig sind bezüglich der Ameisenart, werde ich sie später genau anführen (n°. II).

beleckt, schwitzen also ebenfalls eine denselben angenehme Feuchtigkeit aus und finden wahrscheinlich auch hinwiederum eine ihnen selbst angenehme Nahrung in den Nestern, obgleich es nicht wahrscheinlich ist, dass die grösseren Arten dieser Käfer, gleich den Keulenträgern gefüttert werden, weil sie mit ausgebildeten Unterflügeln versehen, diese Nester verlassen und sich ihre Nahrung selbst aufsuchen können». In dieser Vermuthung war manches Richtige mit Irrthümlichem vermengt. *Dinarda dentata* [1]), *Hetaerius quadratus* [2]) und dessgleichen nach meinen neuesten Beobachtungen auch *Amphotis marginata*, werden von den Ameisen weder beleckt noch gefüttert, sondern nur indifferent geduldet, obgleich später Grimm nochmals über Beleckung von *Dinarda* berichtete [3]). Andererseits hat sich auch die Vermuthung Müller's, dass die grösseren jener Käfer desshalb von den Ameisen nicht gefüttert würden, weil sie selbst Nahrung aufsuchen könnten, ebenfalls nicht bestätigt, wie *Atemeles* und *Lomechusa* beweisen, die von den Ameisen häufig gefüttert werden.

Müller war in dem Analogieschluss aus der Lebensweise der *Claviger* auf diejenige anderer Ameisengäste zu weit gegangen. In

---

1) Ueber die Lebensweise von *Dinarda dentata* vgl. meine Mittheilungen in der *Deutsch. Ent. Zeitschr.*, 1886, 1 Hft., S. 57 ff. und 1887, 1 Hft., S. 111 ff.

2) Ueber die Lebensweise von *Hetaerius* vgl. ebendaselbst, 1886, 1 Hft. S. 59—61. — Müller sagt übrigens selbst, dass er trotz längerer Beobachtung die Fütterung von *Hetaerius* nicht bemerkt habe (Müller, l. c., S. 112). Wenn Janson angibt, dass *Formica fusca* den *Hetaerius* bei Störung des Nestes manchmal im Maule mit sich forttrage (*Entomologist's Annual*, 1857, p. 85 ff.), so halte ich dies für ein Versehen des Beobachters, das dadurch leicht entstehen kann, dass eine *F. fusca* manchmal mit einem auf ihrem Kopfe sitzenden *Hetaerius* umherläuft (ohne dass die Ameise den Käfer zu bemerken scheint). Vgl. meine eben citirten Beobachtungen in der *Deutsch. Ent. Zeitschr.*

3) *Stett. Ent. Zeit.*, VI (1845), S. 123 ff. „Die Myrmecophilen in Berlin's nächster Umgebung". — Grimm hat, wie aus seinen eigenen Worten hervorgeht, nur beobachtet, dass die *Dinarda* bei Begegnung mit einer Ameise sich manchmal „den behaarten After im Vorübergehen gleichsam (!) ablecken liess". Mag die *Dinarda* nun *dentata* oder (wie Grimm S. 133 berichtigt) *Märckelii* gewesen sein, in jedem Falle handelte es sich nicht um eine Beleckung sondern um eine feindlich misstrauische Berührung, indem die Ameise mit geöffneten Kiefern nach der emporgebogenen Hinterleibsspitze des Käfers kneipte. *Dinarda Märckelii* wird bei *F. rufa* gerade so behandelt wie *dentata* bei *sanguinea* (vgl. *Deutsch. Ent. Zeitschr.*, 1886, 1 Hft. S. 68), wie meine jüngsten Beobachtungen über *D. Märckelii* (October 1887) bestätigt haben.

viel richtigerer Fassung wurde derselbe Schluss später (1840) von Erichson in seinen *Genera et Species Staphylinorum* (p. 203; Observ. 4 ad genus *Lomechusa* [1]) ausgesprochen: « Hospitatur hoc genus in formicetis. Villis in abdominis basi forte quaedam analogia est cum illis, quos Müller (*Germ. Mag.*, III, p. 79 et 95) in *Clavigero foveolato* observavit. Notatu dignum videtur, quod reliqua huius tribus insecta, quaecumque in formicetis degunt, his villis destituta sunt ». Diese Vermuthung konnte Lacordaire (*Genera d. Coléopt.*, II (1854), p. 42) mit Recht « opinion ingénieuse et assez probable » nennen, noch bevor die thatsächliche Beobachtung ihre Richtigkeit bestätigt hatte.

Friedr. Märkel, der sich durch seine Myrmecophilenverzeichnisse [2]) so grosse Verdienste um die Kenntniss der unter Ameisen lebenden Insecten erworben hat, hat leider keine Beobachtungen über die gastlichen Beziehungen der *Atemeles* und *Lomechusa* angestellt. Obgleich ihm Erichson's obenerwähnte Vermuthung bekannt gewesen sein dürfte, sprach er am Schlusse seines zweiten Myrmecophilenverzeichnisses die Ansicht aus, dass auser den *Claviger* keine anderen Käfer in einem eigentlichen Gastverhältnisse zu den Ameisen ständen [3]). Auch Dr. Kraatz in seinem 1849 und 1851 veröffentlichten « Bemerkungen über Myrmecophilen » (*Stett. Ent. Zeit.*, X, S. 184 ff. und XII, S. 166 ff.) und später im II Bande der *Naturgesch. der Insecten Deutschl.* (1858) berichtet nichts über ein solches Gastverhältniss bei den genannten Gattungen. Dessgleichen Mannerheim (*Bullet. de Moscou*, 1843 und 1844) und Mäklin (Coleoptera myrmecophila Fennica, Mosc. 1846) in ihren Verzeichnissen der Myrmecophilen Finnlands; Boheman (*Oefvers. af K. Vet. Ak. Förh.*, 1844) in seiner Liste schwedischer Ameisengäste; Motschulsky in seinem Verzeichnisse russischer Myrmecophilen

---

1) Inclusive der heutigen Gattung *Atemeles*.
2) „Beiträge zur Kenntniss der unter Ameisen lebenden Insecten, von Friedr. Märkel, Cantor zu St. Wehlen in der sächsischen Schweiz" (*Germ. Zeitschr. f. Entomol.*, III (1841), S. 203—225, und V (1844), S. 193—271).
3) „Der bereits von Müller (für das Zusammenwohnen der Käfer mit Ameisen) angegebene Grund dürfte wohl nur von den Arten der Gattung *Claviger* gelten." (l. c. p. 270).

(*Bullet. de Mosc.*, 1844); Schiödte in seinen Bemerkungen über
dänische Myrmecophilen (Germ. *Zeitschr. f. Ent.*, V 1844), etc.
Von myrmecologischer Seite wurde der biologischen Forschung
durchschnittlich mehr Aufmerksamkeit gewidmet. Doch findet sich
in den älteren Arbeiten noch nichts über gastliche Beziehungen von
Staphyliniden zu den Ameisen. So in Latreille's *Histoire naturelle
des Fourmis* (1802), in Pierre Huber's *Recherches sur les moeurs
des Fourmis indigènes* (1810), in Lepelletier's *Histoire natur. des
Hyménoptères*, 1 (1836), etc. — Der erste, der die Spur eines
Gastverhältnisses zwischen den *Atemeles* und den Ameisen entdeckte,
war der englische Ameisenforscher Fred. Smith. In seinen « Notes
on the habits of various species of British Ants » (*Transactions
Ent. Soc. Lond.*, 1839, p. 152) theilte er mit, er habe mehrere
Atemeles acuminatus (= *paradoxus* Grav.?) in einem Neste von
Formica fusca L. gefunden, und während er noch die Ameisen
beobachtete, sei eine *F. fusca* im Neste angekommen, die einen
Atemeles im Maule trug. Auf dieselbe Weise habe er in ungefähr
einer Stunde gegen 10 Stück hereinbringen sehen; ein oder zwei
derselben hätten versucht zu entfliehen, seien aber von den Ameisen ergriffen und zurückgetragen worden. Er spricht hierauf die
Vermuthung aus, dass diese Käfer während des Larvenstandes
der Ameisen irgend eine Aufgabe im Neste zu erfüllen haben oder
zu einer solchen beitragen müssen; denn er habe späterhin keine
Käfer mehr in den Nestern finden können. Nach seinen späteren
Mittheilungen (Essay on the Genera and Species of British Formicidae, *Transact. Ent. Soc. Lond.*, 1854, p. 95—98) scheint der
obenerwähnte *Atemeles* nicht *paradoxus* sondern *emarginatus* gewesen zu sein, da er hier unter den Käfern, die im Frühling von
den Ameisen in ihre Nester getragen und dort « gefangen · gehalten » werden, nur den *emarginatus* erwähnt. In einer späteren
Arbeit (Revision of an Essay on the British Formicidae, *Transact.
Ent. Soc. Lond.* new ser. 1856—58, p. 98) äusserte er die Ansicht,
sämmtliche bei Ameisen lebende Kurzflügler würden von den
Ameisen in den Nestern gefangen gehalten; die letzteren bezögen
von ihnen wahrscheinlich einen ähnlichen nahrhaften Saft (exudation)

wie von den Blattläusen. Diese Vermuthung war zwar für die *Atemeles* und *Lomechusa* richtig, nicht aber für die *Myrmedonia canaliculata* F., *limbata* Payk und *humeralis* Grav. und die übrigen Staphyliniden, auf welche er dieselbe ausdehnte.

Edward W. Janson wiederholte 1857 die von Smith bezüglich *Atemeles* ausgesprochene Vermuthung (Observations on the myrmecophilous Coleoptera or Ants-nest-beetles of Britain. *The Entomologist's Annual* by Stainton, 1857, p. 85—96). Seine Angabe, dass *At. emarginatus* und *paradoxus* an den ersten warmen Tagen im Mai in der Nähe von *fusca*-Nestern sich herumtreiben und von diesen Ameisen aufgegriffen und in die Nester getragen werden, beruht für *emarginatus* auf neuer eigener Beobachtung, nicht nur auf Smith's früheren Mittheilungen [1]).

Die ersten thatsächlichen Beobachtungen über das Gastverhältniss der *Atemeles* bez. *Lomechusa* verdanken wir Charles Lespès. Derselbe berichtete in einer kurzen Note in den *Bull. Soc. Ent. Fr.*, 1855, p. LI, über die Beleckung und Fütterung von « *Lomechusa paradoxa* » durch *Formica rufa*. Dieselben Beobachtungen, jedoch in allgemeineren Ausdrücken, theilte er 1866 nochmals mit in einem vor der Sorbonne gehaltenen Vortrage [2]) über die Ameisen (veröffentlicht in der *Revue des cours scientifiques*, IIIme année, n°. 16 (17 Mars 1866) p. 257 sqq.). Vergleicht man beide Berichte, so ist es wohl kaum zweifelhaft, dass die betreffende Wirthsameise wirklich *F. rufa* gewesen sei, denn Lespès kann sie nicht leicht mit *F. sanguinea* Latr. verwechselt haben, wenigstens in seinem zweiten Berichte. Dann war aber die betreffende Käferart, auf die Lespès' Beobachtungen sich bezogen, höchst wahrscheinlich *Atemeles pubicollis* Bris. Obgleich die der zweiten Mittheilung beigegebene « photographische [3]) » Abbildung kein Urtheil hierüber erlaubt,

---

1) Nach brieflicher Mittheilung von Herrn E. W. Janson.

2) „Les Fourmis". — Die ersten Beobachtungen über die Lebensweise der *Claviger* schreibt Lespès daselbst irrthümlich dem „grand physiologiste Müller (de Berlin)" zu (p. 265).

3) Die 5 grossen Haarbüschel an jeder Seite des Hinterleibes der *Lomechusa* sind wohl nicht photographischen Ursprungs, da sämmtliche *Atemeles* und *Lomechusa* deren nur drei (und einen unvollkommenen vierten) besitzen.

lassen doch die Ausdrücke «relativement de grande taille, environ 5 mm.», kaum zu, den Bericht auf *At. paradoxus* zu beziehen. Ferner ist *At. pubicollis* diejenige *Atemeles*-Art, die bei *F. rufa* L. in manchen Gegenden ihren normalen Wohnort zu haben scheint [1]); es wäre demnach zu untersuchen, ob dies auch in der Umgegend von Meudon, woselbst Lespès seine «*Lom. paradoxa*» bei *Formica rufa* fand, der Fall ist. Auf *Lomechusa strumosa* können sich Lespès' Mittheilungen nicht beziehen, da deren normale Gastameise *F. sanguinea* ist und andererseits Lespès seine *Lom. paradoxa* in Mehrzahl in einer grossen Kolonie von *F. rufa* fand.

Die Beobachtungen von Lespès dauerten nur kurze Zeit, wie er selbst angibt. Desshalb sah er die Beleckung der «*Lomechusa*» nur einigemal, ihre Fütterung nur einmal, und manches Andere, z. B. dass die Gäste auch selbstständig Nahrung zu sich nehmen können, entging ihm; daher seine Angabe, *Lomechusa* könne nicht allein Nahrung zu sich nehmen. Aber seine Wahrnehmungen über Beleckung und Fütterung sind, trotz einiger galanter, nicht gerade Vertrauen einflössender Wendungen, die er bei Beschreibung derselben gebraucht, dennoch ziemlich getreu, wenngleich unvollständig [2]).

---

1) Vgl. die später folgende Zusammenstellung der bisherigen Fundorte von *Lomechusa* und *Atemeles* bei Ameisen.

2) Keineswegs Vertrauen verdient dagegen eine im *Lotos*, Prag 1855 (p. 223—224) enthaltene Mittheilung von Kirchner: „Beobachtungen über einige bei der *Formica rufa* wohnende Käfer". Der Verfasser will in mehreren Nestern der *F. rufa* L. (die unter Steinen sich befanden!) 6 *Claviger foveolatus* (sic?) gefunden und beobachtet haben, dass dieselben von dieser Ameise „mit wahrer Zärtlichkeit, Zuvorkommenheit und Vorsicht" mit Milben (!) gefüttert wurden. Er sah sogar mit einer Lupe deutlich, wie die Käferchen die ihnen von den Ameisenarbeitern gebotenen Milben ergriffen und verzehrten: mit 4—5 Milben war ein *Claviger* gewöhnlich für 2—3 Stunden gesättigt (!) In demselben Glase sah er auch mehrere zu den „Staphylinarien" gehörige *Lomechusa strumosa* von Ameisen gefüttert werden, und zwar ebenfalls mit Milben (!). Ein anderes Mal fand er mehrere Stücke *Lom. strumosa* unter einem Steine ohne Ameisennester mit dem Verzehren eines Regenwurmes beschäftigt (!). — Die ganze Erzählung ist so voll von theilweise handgreiflichen Unwahrscheinlichkeiten, und der Verfasser verräth nebenbei eine so geringe Kenntniss der Ameisen und Käfer, — (er findet es z. B. bemerkenswerth, dass in jenen Nestern der *F. rufa* ausser den Männchen und Weibchen auch noch Arbeiter gewesen seien etc.), — dass wohl bei seinen neuen Beobachtungen folgenschwere Verwechslungen unterlaufen sein dürften; denn an der Wahrheitsliebe des Verfassers dürfen wir ja nicht

Lespès gibt auch an, dass diese Käfer manchmal die Nester der Ameisen verlassen und davon fliegen.

Ueber Fütterung und Beleckung von *Lomechusa strumosa* durch *F. sanguinea* berichtete 1865 von Hagens in einer kurzen Notiz am Schlusse seiner Arbeit « Ueber Ameisengäste » in der *Berl. Ent. Zeitschr.* (IX Jahrg. S. 112); über die Beleckung der *Lomechusa* durch *F. sanguinea* schon 1863 im Jahresbericht des naturwiss. Vereins für Elberfeld und Barmen. Dr. Aug. Forel erwähnt in seinen *Fourmis de la Suisse* (1874) die Beobachtungen von Müller und Lespès über die Gastbeziehungen der *Claviger* und « *Lomechusa* » (p. 423). Namentlich über die Zuverlässigkeit der letzteren spricht er sich daselbst zweiflend aus [1]). Als Nicht-Coleopterologe wandte er leider seine eigene Aufmerksamkeit diesen Verhältnissen nicht zu; sonst würde er wahrscheinlich als der erste die Beleckung der *Atemeles* durch *Myrmica* beobachtet haben, da er einen *At. emarginatus* einige Zeit bei *Myrmica laevinodis* in einem künstlichen Neste hielt (p. 426 und 433). — Lubbock (*Ants, Bees and Wasps*. Autoris. deutsch. Uebers. Leipzig 1883. S. 63 [2]) erwähnt bezüglich « *Lomechusa* » nur Lespès' Bericht über Fütterung jenes Käfers durch die Ameisen; neue Beobachtungen darüber

---

zweifeln. Jedenfalls ist der wissenschaftliche Werth solcher Mittheilungen gleich Null; dieselben können höchstens als Curiosum einen Platz unter dem Striche finden.

1) Ich muss jedoch beifügen, dass Herr Forel sich über meine 1886 veröffentlichten Beobachtungen (über die Gastbeziehungen der *Atemeles* und *Lomechusa*) sehr anerkennend geäussert hat. Seine früheren Zweifel waren nicht unbegründet wegen mancher Unrichtigkeiten, die in anderen Beobachtungen von Lespès sich finden.

2) Lubbock berichtet daselbst auch Grimm's Beobachtungen über „Beleckung" von „*Dinarda dentata*". Die darauf folgende Bemerkung „Lespès hat dies bestätigt" könnte zu dem Gedanken führen, Lespès habe auch über *Dinarda* Beobachtungen angestellt, was nicht der Fall ist. — In den *Annales des Sciences Naturelles*, Zool. 1863, die Lubbock in dem Literaturverzeichniss seiner „Ameisen, Bienen und Wespen" citirt unter dem Titel: „Lespès C., Sur les moeurs de *Lomechusa paradoxa*", findet sich von Lespès nur die „Observations sur les fourmis neutres", in denen von seinen Beobachtungen über *Lomechusa* nicht die Rede ist. Es obwaltet hier wohl eine Verwechselung mit der *Revue des cours scientif.* (1866) oder dem *Bullet. de la Soc. Entom. de France* (1855), die in dem Literaturverzeichniss nicht erwähnt sind.

bietet er nicht. — Ernest André gab 1874 in seinen « Descriptions des Fourmis d'Europe, pour servir à l'étude des insectes myrmécophiles » (*Revue et Magas. de Zool.*, III. sér. Tome II, p. 152—235) ein fleissig zusammengestelltes Verzeichniss der regelmässigen und zufälligen Ameisengäste (p. 205—235); nähere Notizen über die Lebensweise myrmecophiler Staphyliniden finden sich in demselben nicht. In seinen neueren myrmecologischen Werken (1881. *Species des Hyménopt. d'Eur. et d'Alg.* Tome II, (Fourmis) p. 103 sqq. und *Les Fourmis* (Paris 1885) chap. XI, p. 268) gibt er ebenfalls keine neuen Mittheilungen über die Gastverhältnisse myrmecophiler Coleopteren. Er spricht sich, was die von Müller und Lespès beobachtete Fütterung der Käfer durch die Ameisen anbelangt, etwas zweiflend über die Berichte der genannten Autoren aus, jedoch keineswegs auf Grund eigener Beobachtung, sondern, wie es scheint, nur desshalb, weil Forel die Beobachtungen von Müller und Lespès nicht bestätigt gefunden hatte. — Auch der schwedische Forscher Gottfr. Adlerz (Myrmecologiska Studier, II. Svenska myror och deras lefnadsförhållanden. Stockholm, 1886. p. 162 ff.) befasste sich nicht mit dem Studium des Gastverhältnisses der Myrmecophilen. Er erwähnt jedoch bereits Sahlberg's Entdeckungen über das Verhältniss der *Lomechusa*-Larven zu den Ameisen.

John Sahlberg veröffentlichte 1883 in den *Meddelanden af Societas pro Fauna et Flora Fennica*, (IX Hft. S. 83—97) in einer Abhandlung « Om larverna af slägtet *Lomechusa* », eine interessante Beobachtung über die muthmasslichen Larven von *Lom. strumosa*, die er anfangs Juli in ziemlicher Zahl in einem Neste von *F. sanguinea* gefunden. Während die Ameisen ihre eigenen Larven in Sicherheit brachten, fassten sie auch die gänzlich blinden *Lomechusa*-Larven und trugen sie in die Tiefe ihres Nestes hinab. Leider missglückte sein Versuch, die Larven in einem künstlichen Neste von *F. sanguinea* aufzuziehen; auch dass die Larven von den Ameisen gefüttert würden, gelang ihm nicht zu beobachten. Doch scheint es Sahlberg kaum zweifelhaft, dass die *Lomechusa*-Larven einer wirklichen gastlichen Pflege durch die *F. sanguinea* sich erfreuen, obgleich diese aus ihnen noch keinen unmittelbaren Vortheil ziehen, wie aus der Beleckung der Käfer. Mögen künftige Beobachtungen hierüber mehr Licht geben.

Als ich zum ersten Mal *Atemeles emarginatus* bei *Myrmica scabrinodis* fand, kannte ich erst Müller's Beobachtungen über die Keulenkäfer; auch die von Erichson ausgesprochene Vermuthung war mir noch unbekannt. Die gelben Haarbüschel der *Atemeles* erregten in mir jedoch sogleich denselben Verdacht, dass nämlich diese Organe eine ähnliche biologische Bedeutung besässen, wie die gelben Tomentpolster der *Claviger*. Die eingehenden Beobachtungen, die ich hierauf mit *Atemeles emarginatus* bei *M. scabrinodis* und mit *Lomechusa strumosa* bei *F. sanguinea* anstellte, bestätigten völlig die Richtigkeit jener Vermuthung; das Ergebniss jener Beobachtungen veröffentlichte ich in der *Deutsch. Ent. Zeitschr.* (1886, I Hft. S. 50 ff.). Seitdem hat sich mein Beobachtungsmaterial über die Lebensweise der *Atemeles* und *Lomechusa* so sehr vermehrt, dass ich eine neue, weit vollständigere Mittheilung über diesen Gegenstand für nöthig erachte [1]). Natürlich ist dieselbe von Vollständigkeit noch weit entfernt und ich kann nur wünschen, dass die interessanten Gastbeziehungen dieser Käfer auch von anderen Forschern zum Gegenstande ihrer Studien gemacht werden. Namentlich auf die mir noch unbekannt gebliebene Entwicklungsgeschichte der *Atemeles* möchte ich aufmerksam machen.

Noch einige Bemerkungen über Beobachtungsmethoden. Die einfachste Vorrichtung besteht darin, die Käfer mit einer Anzahl Ameisen in ein niedriges weithalsiges Fläschchen zu setzen, auf dessen Boden sich ein wenig feuchte Erde befindet, genug, um den Ameisen die Einrichtung eines kleinen Nestes zu ermöglichen, aber nicht hinreichend, um sie völlig den Blicken von oben

---

1) Ein gedrängtes Referat über die erwähnten Beobachtungen gab ich in einem Vortrage über die Lebensweise der Ameisengäste in der 32sten Sommerversammlung des Niederl. Entom. Vereins in Maastricht. Vgl. *Verslag* S. xvi.

zu entziehen. Dies ist die schon von Müller zu Beobachtung der Gastbeziehungen von *Claviger* angewandte Methode. Es ist zweckmässig, solche Beobachtungsgläschen nicht mit einem Pfropfen zu verschliessen, sondern mit einer kleinen Glasscheibe, da man dann, ohne die Ameisen zu stören, bequem von oben hineinsehen kann. Es empfiehlt sich ferner, die Tiefe des Gläschens so zu wählen, dass dieselbe der Brennweite eines auf die Glasscheibe gelegten Vergrösserungsglasses entspricht; so kann man die einzelnen Bewegungen der Käfer und Ameisen, namentlich aber die Vorgänge der Beleckung und Fütterung mit der grössten kritischen Sicherheit verfolgen. Dieser Beobachtungsapparat hat jedoch folgende Nachtheile. Man kann die Ameisen und deren Gäste in demselben nur kurze Zeit (wenige Wochen) halten, da die Erde bald austrocknet oder schimmelig wird; durch häufiges Wechslen der Erde wird aber die Ruhe des Nestes zu oft gestört. In schlechten Nestern dieser Art wird es den *Myrmica* manchmal schliesslich so ungemüthlich, dass sie nicht nur ihre Gäste vernachlässigen oder misshandeln, sondern sich sogar gegenseitig feindlich umherzuzerren beginnen. Ferner kann man in solchen kleinen Beobachtungsgläschen nur eine geringe Zahl von Ameisen und Gästen halten und an eine Beobachtung der Entwickelungsgeschichte der Gäste ist wegen des beschränkten Raumes und der kurzen Tauglichkeit dieser Nester nicht zu denken.

Will man eine stärkere Kolonie beobachten, so ist ein weites aber niedriges Glas mit weiten Halse zweckdienlich. In diesem Falle kann man eine grössere Lage feuchte Erde auf den Boden des Glases geben, wenn nur die Zahl der Ameisen so gross ist, dass ein bedeutender Theil derselben auf der Oberfläche zu bleiben gezwungen ist. *Myrmica ruginodis*, die ihre Nester nie tiefer in die Erde zu bauen pflegt, ist in einem solchen Apparate besonders bequem zu beobachten; sie pflegt sich mit der Hauptmasse ihrer Larven und Gäste an der Oberfläche der Erde oder an der Glaswand aufzuhalten. Hier kann man trefflich beobachten, wie die *Atemeles* unter dem Ameisengewimmel fühlerwedelnd umherlaufen, die dichtesten Ameisenknäuel aufsuchen, sich namentlich gern in die Nähe der aufgeschichteten Larven drängen und von den Ameisen sehr häufig und anhaltend beleckt werden. Auch bei diesem Apparate empfiehlt es sich, den Pfropfen durch eine Glasscheibe zu ersetzen und auf dieselbe eine Linse von entsprechender Brennweite zu legen.

Eine dritte Methode, die ich anwandte, besteht in Glasnestern Lubbock'scher Methode. Für die Beobachtungen der Beziehungen von *Formica sanguinea* und anderer grösserer Ameisen zu ihren Gästen eignet sich diese Methode ziemlich gut, da wegen der bedeutenderen Grösse der Ameisen der Abstand zwischen der oberen und unteren Glasplatte grösser sein darf und die Nester desshalb eine grössere Menge Erde fassen können und nicht so rasch eintrocknen. Ein Nachtheil dieses Apparates besteht darin, dass man die Oberseite desselben fast immer bedeckt halten muss, da die Ameisen die dem Lichte ausgesetzte Glaswand nach und nach mit Erde bekleben, wodurch die Beobachtung verhindert wird. Für die Beobachtung der *Myrmica* und ihrer Beziehungen zu den *Atemeles* ist diese Methode nur insofern zweckdienlich, als man die Bauart der *Myrmica*-Nester, den Aufenthalt der *Atemeles* in den Larvenkammern und in Mitte der Ameisenknäuel gut wahrnehmen kann; umfangreichere Nester dieser Art dürften sich wohl auch für die Erforschung der Entwicklungsgeschichte der *Atemeles* eignen, da es denselben hier ermöglicht ist, das eigentliche *Myrmica*-Nest zu verlassen und in der Nähe desselben Schlupfwinkel aufzusuchen. Eine nähere Beobachtung der gastlichen Beziehungen kann in solchen Apparaten jedoch nur ausnahmsweise und mehr durch glücklichen Zufall stattfinden, weil die Ameisen und ihre Gäste bei Erhellung des Nestes sogleich die dem Lichte ausgesetzten Kammern verlassen und sich in die dunkeln Gänge flüchten.

Eine vierte, bequeme and einfache Vorrichtung für die Beobachtung der gastlichen Beziehungen der *Atemeles* und *Lomechusa* ist folgende. Man befestigt auf ein Brettchen im Viereck Holz- oder Korkleisten von 4 bis 8 mm. Höhe, je nach der Grösse der zu beobachtenden Ameisenart. Den Raum zwischen denselben legt man mit einer Platte Staniol aus, die über die Leisten übergreift, gibt sodann eine Schichte feuchter Erde darauf, setzt die Ameisen und Käfer rasch hinein und deckt eine Glasscheibe darüber, über deren Rand man sodann die hervorstehenden Ränder der Staniolplatte schlägt [1]). Ein solches Nest bietet den Vortheil, dass die Erde in demselben sehr lange feucht bleibt, wesshalb auch kleine derartige Nester sich lange Zeit hindurch bequem halten lassen. Ferner kann man hier die bedeckende Glasscheibe leicht nach Belieben verschieben, um ein wenig Wasser, Zucker oder andere Nahrung in das Nest zu geben, und dieselbe auch umwenden, sobald sie von den Ameisen auf ihrer Unterseite mit Erde beklebt ist, so dass die Aussicht in das Nestinnere stets frei bleibt. Die Ameisen scheinen sich in solchen Nestern recht behaglich zu fühlen und geben sich desshalb auch eifrig mit ihren Gästen ab. Die geringe Tiefe des Nestes ermöglicht es, die Vorgänge der Beleckung und Fütterung selbst mittelst einer stärkeren Loupe auf das Genaueste zu verfolgen. Lässt man die Glasoberfläche unbedeckt, so ist es rathsam, das Nest vor allzuhellem Lichte zu bewahren und es desshalb in den Schatten irgend eines Gegenstandes zu stellen; die Ameisen fühlen sich bei gedämpfterem Lichte ungestörter. Legt man dagegen ein kleines Brettchen oder einen andern Schatten gebenden Gegenstand auf die Glasscheibe, so kann man beim Verschieben desselben wahrnehmen, wie die Ameisen ihre Gäste gleich den Königinnen und den Larven mit sich fort unter den bedeckten Nesttheil ziehen, bezw. tragen.

Im Allgemeinen ist es rathsam, verschiedene Beobachtungsmethoden anzuwenden, um die Beziehungen der Ameisen zu ihren Gästen unter den verschiedenen Verhältnissen kennen zu lernen und dadurch die Mängel der einzelnen Methoden auszugleichen [2]).

---

1) Ebensogut kann man auch die Ameisen mit ihren Gästen in das bereits mit Erde gefüllte Nest durch eine kleine Glasröhre einwandern lassen.
2) Während diese Arbeit gedruckt wurde, ist es mir gelungen, auch die *Atemeles*-Larven aufzufinden und zu beobachten. Näheres darüber in einem Nachtrage.

II.

KRITISCHE REVISION DER FUNDORTE VON ATEMELES UND LOMECHUSA BEI AMEISEN.

Vorbemerkung.

Viele der älteren Angaben sind namentlich wegen mangelhafter oder unzuverlässiger Angabe der Ameisenart [1]), einige auch wegen zweifelhafter Angabe der Käferart (z. B. Verwechslung von *At. emarginatus* und *paradoxus*, später von *paradoxus* und *pubicollis*) unbrauchbar, und können desshalb hier keine Erwähnung finden. Auch in neuerer Zeit kommen noch, besonders mit *F. rufa* L., *sanguinea* Latr., *rufibarbis* F. Verwechslungen vor [2]). Auch finde ich es unzweckmässig, die kleineren *Myrmica*-Formen schlechthin

---

1) Auf die Verwechslung von Ameisenarten durch viele Coleopterologen machte schon Dr. Kraatz aufmerksam (*Naturg. Ins. Deutschl.* II p. 111); früher bereits M. Bach (*Stett. Ent. Zeit.* 1843 p. 303). Eine Berichtigung der häufigsten Verwechslungen gab v. Hagens 1865 (*Berl. Ent. Ztschr.* p. 106). Um solchen Verwechslungen bei den französischen Entomologen abzuhelfen, veröffentlichte Ernest André 1874 seine „Descript. d. Fourm. d'Europe pour servir à l'étude d. insectes myrmecophiles" (*Rev. et Mag. d. Zool.* 3. sér. T. III p. 152), die vorzüglich auf O. Mayr's *Europäische Formiciden* (Wien 1861) basirt. Gegenwärtig ist für die Bestimmung der Ameisen Europa's und der Nachbarländer der zweite Band der *Spéc. des Hyménoptères* von E. André (Beaune 1881) zu empfehlen.

Den Berichtigungen, die v. Hagens gab, möchte ich beifügen, dass „*F. cunicularia*" nicht bloss für *Las. brunneus* Latr. (so namentlich bei Märkel), sondern auch für *F. sanguinea* Latr. und *rufa* L. irrthümlich gebraucht werde. Die „*F. cunicularia*" bei Erichson, *Gen. et Spec. Staph.* p. 201 (Observ. ad *Dinarda dentata*) ist sehr wahrscheinlich *F. sanguinea* Latr., deren kleinere Varietäten leicht eine Verwechslung mit *F. cunicularia* Latr. (*rufibarbis* F.) zulassen, zumal der Nestbau beider Ameisen oft sehr ähnlich ist und manchmal auch wirklich *rufibarbis* als Hilfsameisen bei *sanguinea* wohnen. In dem vortrefflichen *Katalog der Käfer Hollands* von Dr. Everts (Haarlem 1887) ist die p. 43 bei *Thiasophila angulata* angeführte „*F. cunicularia*" = *rufa* L., wie ich aus den von Herrn Everts mir freundlichst zugesandten Ameisen ersah. [Im Anhange (p. 228) hat Herr Everts dies bereits berichtigt für *Monotoma angusticollis*].

2) Dieselben sind wegen der verschiedenen Sitten und Charaktere dieser Arten und wegen ihres verschiedenen Verhaltens zu den echten Gästen besonders wichtig. Minder bedeutend ist die Verwechslung der sehr nahe verwandten *F. rufa* L., *pratensis* de G. und *truncicola* Nyl., etwas bedeutender die Verwechslung von *rufa* L. und *exsecta* Nyl.

als *Myrmica rubra* zu bezeichnen [1]), da dieselben bezüglich ihrer Lebensweise und ihres Charakters, speciell auch in ihren Beziehungen zu den *Atemeles* wichtige Unterschiede zeigen. Es wäre überhaupt wünschenswerth, dass manche Coleopterologen eine grössere Kenntniss der Ameisenarten besässen oder dass sie wenigstens die Ameisen, bei denen sie Käfer gefunden, durch Andere zuverlässig bestimmen liessen. Auch den Sammlern wäre Anweisung zu geben, dass sie eine Anzahl der betreffenden Ameisen den in Ameisennestern gefundenen Käfern beifügten. Würde diesem Gegenstande grössere Aufmerksamkeit geschenkt, so könnte sich bald eine Fülle interessanter Anhaltspunkte für neue biologische Forschungen ergeben.

Für Beiträge zu dem folgenden Verzeichnisse bin ich besonders den Herrn Eppelsheim, Kraatz, Fauvel, Ch. Brisout de Barneville, v. Hagens, Aug. Forel, Gust. Mayr, Edw. Janson und H. Hahn zum Danke verpflichtet.

LOMECHUSA.

1. strumosa F. [2]).

I. Gewöhnliche Wirthsameise: *F. sanguinea* Latr. (Hilfsameise meist *F. fusca* L., seltener *F. rufibarbis* F.).

---

1) Hiebei sehe ich ganz von der Frage ab, ob diese Formen systematisch als Arten oder Rassen zu bezeichnen seien, zumal Forel (*Fourm. d. l. Suisse*, p. 75), Ern. André (*Spéc. d. Hym.* II p. 316 ff.) und G. Mayr (*Formicid. d. Vereinigt. Staaten*, p. 34 ff.) in Beantwortung derselben nicht übereinstimmen.

2) Herr Fauvel theilte mir über das Vorkommen von *L. strumosa* in Frankreich brieflich mit: „Parait se trouver dans toute la France, mais localisée. Doit manquer dans la région méditerranéenne."

Wahrscheinlich ist auch *F. sanguinea* in letzterem Gebiete selten, da Mayr 1 (in *Europ. Formiciden*, p. 14) ihr Vorkommen auf den südlichen Halbinseln Europa noch nicht kannte; nach Roger (*Verz. d. Formiciden-Gatt. u. Art.* 1863, p. 13) und André (*Spec.* II, p. 180) kommt sie auch in Süd-Europa vor. — Auf den britischen Inseln ist *L. strumosa*, wie Herr Edw. Janson mir soeben mittheilt, noch nicht gefunden worden. Die Angabe in *Entomologist's Annual*, 1857, p. 95, beruhte auf einer irrthümlichen Mittheilung; auch jetzt noch ist kein authentisches britisches Exemplar in den Sammlungen vorhanden. Doch dürfte *L. strumosa* sich vielleicht in Schottland noch auffinden lassen, wo *F. sanguinea* an manchen Stellen sehr häufig ist.

a. Ausdrücklich auf *F. sanguinea* lauten folgende sichere Angaben:

Forel. — Vaux, Zürich, Schwarzwald (*Fourm. d. l. Suisse*, 1874, p. 426).

Fauvel. — Monts d'Eraines (Basse Normandie), April, häufig (*Rev. d'Ent.*, 1883, p. 155).

v. Hagens. — Bei Elberfeld häufig (*Jahresb. d. Naturw. Ver. f. Elberfeld*, 1863; *Berl. Ent. Zeitsch.*, 1865, p. 109).

Leder. — Caucasus, bei Mamudly, 6000 Fuss hoch (Collect. auct.) [1]).

Roger. — Bei Rauden häufig (*Verzeichn. d. Oberhessischen Käfer*, 1857, p. 29).

Rouget. — Frankreich (André, n°. 43) [2]).

Sahlberg, J. — In Finnland nicht selten; erwachsene Larven im Juli (*Meddel. af Soc. pro Faun. et Flor. Fenn.*, IX, 1883, p. 89).

Wahnschaffe. — Bei Weferlingen (*Verz. d. im Gebiete d. Allervereins aufgef. Käfer*, 1883, p. 87).

Wasmann. — Blijenbeck bei Afferden, im nördlichen, und Exaeten bei Roermond, im mittlern Holl. Limburg; Mai, Juni.

b. Auf *F. sanguinea* beziehen sich ferner ohne Zweifel fast alle älteren auf « *F. rufa* » lautenden Fundorts-Angaben der *L. strumosa* (von Schmid, Chevrolat, Märkel, Rosenhauer, Fairmaire etc.), die nicht von Ameisenkennern herrühren, noch von solchen controlirt wurden (vgl. auch « Ausnahmsweise Fundorte », II, n°. 6.).

II. Ausnahmsweise Fundorte:

Sicher verbürgt ist:

1. bei *F. pratensis* de G. (*congerens* Nyl.).

Roger. — Rauden (*Verz.* p. 29).

---

1) Durch die Güte von Herrn Eppelsheim erhielt ich ein Exemplar dieser *Lomechusa*, samt den beigegebenen Ameisen (*F. sanguinea* und als Hilfsameise *F. rufibarbis*).

2) In dem Myrmecophilenverzeichniss der bereits erwähnten „Descriptions des Fourmis d'Europe" (*Rev. et Mag. de Zool.* 1874, p. 205—235).

Hinlänglich zuverlässig:
2. bei *F. rufa* L.
    Fickler. — Neuhaldensleben (v. Hagens, *Berl. Ent. Zeitschr.*, 1865, p. 109 und Wahnschaffe, *Verz.* p. 87).
3. bei *F. exsecta* Nyl.
    Collect. Fauvel (nach brieflicher Mittheilung).

Zweifelhaft ist:
4. bei *F. fusca* L.
    Wilken. — Hildesheim (*Berl. Ent. Zeitschr.*, 1861, p. 101). — (Wahrscheinlich waren die betreffenden *fusca* Hilfsameisen von *sanguinea*, und letztere wurden nicht beachtet).

Sehr zweifelhaft ist:
5. bei *Lasius flavus* de G.
    Fairmaire (*Faun. Fr.*, I, p. 465, cit. bei André, n°. 43).

Zu berichtigen ist:
6. bei *Formica rubra* (ist in *F. sanguinea* Latr. zu ändern).
    Sahlberg. C.R. — Finnland (*Ins. Fennica*, I, p. 404) [1]).

Die Gründe für letztere Berichtigung sind:

Die älteren Coleopterologen (die *Ins. Fennica* erschienen 1817—34) nannten oft die unter Steinen lebenden rothen

---

[1]) Durch die Güte von Herrn Dr. Krantz konnte ich dieses seltene Werk selbst nachschlagen. Die betreffende Stelle lautet: „Habitat sub lapidibus, locis aridis, tempore vernali, apud nos rarissime. In Ruosala ad Aboam in Iläne et ad Helsingforsiam aut in societate cum *Formica rubra* aut in volatu capta". (Die Bemerkung „in volatu capta" ist zwar befremdend. Trotzdem muss es sich nicht um *M. pubicollis* oder *paradoxus* (die er nicht anführt) sondern um *L. strumosa* gehandelt haben, wegen der Grössenangabe („Long. 3 lin."). — Mäklin (*Col. Myrmec. Fenn.* n°. 50) citirt Sahlberg's Angabe mit einem Zusatze: „bei *Form. (Myrmica) rubra*". Nach Mäklin scheinen die folgenden Citate sich gerichtet zu haben. Märkel (I n°. 14 und II n°. 82) und Kraatz (*Naturgesch. Ins. Deutschl.* II, p. 113) sprachen ihr Befremden über die Angabe bei „*Myrmica rubra*" aus. Von Hagens citirte (*Berl. Ent. Zschr.* 1865 p. 119) letztere beiden Autoren für das Vorkommen der *L. strum.* bei *M. rubra*. André (n°. 43) citirte „*Myrmica scabrinodis*. Mäklin n°. 50". Wahnschaffe (*Verz.* p. 87) gibt (nach André?) gleichfalls „*M. scabrinodis*" an.

Ameisen « *Form. rubra* » im Gegensatze zu den in Haufen lebenden, die sie « *F. rufa* » nannten. *F. sanguinea* legt aber gerne unter Steinen ihre Nester an; dort fand der jüngere Sahlberg die Larven von *L. strumosa* bei *F. sanguinea*. Die *F. rubra*, bei welcher der ältere Sahlberg « sub lapidibus » die *L. strum.* fand, wird also auch *F. sanguinea* gewesen sein, weil er sie als die einzige Ameise angibt, bei welcher *L. strum.* an den betreffenden Oertlichkeiten Finnlands vorkommen soll; die Gastameise der *L. strum.* ist daselbst nach dem jüngeren Sahlberg *F. sanguinea*. Endlich ist es schon an sich unwahrscheinlich, dass eine so kleine Ameise wie *M. rubra* L. die grosse *L. strum.* daselbst beherbergen sollte.

2. **sibirica** Motsch. (= *strumosa* F. oder *teres* Eppelsh.?) [1]).

Bei *F. rufa minor* Motsch. = *F. sanguinea* Latr. [2]).
Motschulsky. — Sibirien (*Bull. d. Moscou*, 1844, p. 816).

3. **teres** Eppelsh.

« Bei Ameisen », wahrscheinlich bei *F. sanguinea* Latr. [3]).
Leder. — Caucasus (Herbst 1879, auf der Passhöhe bei Rasbeck). (Eppelsh., « Diagnosen neuer Staphyl. a. d. Caucasus u. Lenkoran » [4]), im XXII. Bnd. d. *Verk. d. Naturf. Ver. in Brünn*).

---

1) Obgleich die Beschreibung der *L. sibirica* (*Bull. d. Mosc.* l. c.) der *L. teres* zu entsprechen scheint, gab doch Motschulsky selbst Exemplare von *L. strumosa* als „Originalexemplare" seiner *sibirica* an befreundete Entomologen. Vgl. Eppelsheim, „Synonym. Bemerk. über Europ. Staphylin." (*Deutsche Ent. Ztschr.* 1887, p. 431).

2) Motschulsky unterscheidet l. c. p. 813 eine *F. rufa major* (= *F. rufa* L.) und *rufa minor*; als Charakteristik der letzteren gibt er ausser der helleren Färbung noch an, dass sie auch in freier Ebene, in der Steppe, sogar in sumpfigen Gegenden vorkomme und ihre Wohnungen in der Erde baue; dadurch ist wohl *F. sanguinea* Latr. hinreichend klar angedeutet (nicht *F. dorsata* Panz., wie Motschulsky glaubte, da letztere nach André (*Cat. d. Hym. d'Eur.* p. 5) mit *rufa* L. identisch ist.

3) Nach brieflicher Mittheilung von Dr. Eppelsheim wurde vom Finder die Gastameise leider nicht beigegeben.

4) Auch in Radde's Werk „*Die Fauna u. Flora des südwestl. Caspi-Gebietes*" Leipz. Brockh. 1886).

4. **inflata** Zett. [1]).

Bei *F.* «*rufa*» (wahrscheinlich = *sanguinea* Latr.). Zetterstedt. — Lappland (*Faun. Lapp.*, I, 95, 1; *Ins. Lapp.* 74. 2; citirt bei Erichson, *Gen. u. Spec. Staphyl.*, p. 205).

«Habitat in Lapponia rarissime, sub cortice Betulae albae emortuae et trunco perforato unicum specimen cum *Formica rufa* ad Wittargi Lapponiae Tornensis, initio mensis Junii inveni.»

ATEMELES Dillw. [2]).

1. **reflexus** Walk.

Gastameise ist mir unbekannt.

Insel Vancouv. (Walker, *Natur. Vancouv.*, II, 1866, p. 317).

2. **cavus** Lec.

Gastameise unbekannt.

Massachusetts, Pennsylvania, Illinois (Leconte, *New Spec. of North-Am. Col.*, I, 1863—66, p. 30).

Leconte sagt: «I have never found this species and do not know, with which species of ant it lives». Vermuthlich sind die normalen Wirthsameisen dieser nordamerikanischen *Atemeles* unter den *Myrmica* zu suchen, die theils mit unseren Arten identisch (*lacrinodis*, *ruginodis*, *scabrinodis*,

---

1) *L. inflata* Zett. muss wohl als echte *Lomechusa* betrachtet werden wegen der Angaben „thoracis lateribus magis incrassatis (quam in *L. strumosa*), pedes omnino ut in *L. strumosa*, etiam quoad pubescentiam." Dagegen halte ich die „*L. inflata?* Zett." bei Mäklin n. 53 eher für *Atemeles inflatus* Kr. = *pubicollis* Bris. Vgl. meine Studie „Ueber d. europ. *Atemeles*" (*Deutsch. Ent. Ztschr.* 1887 p. 97 ff.)

2) Für die systematische Kenntniss der europ. *Atemeles* vgl. *Deutsch. Ent. Ztschr.* 1887. I Hft. p. 97 ff.

lobicornis, *sulcinotis*), theils nahe verwandt sind (*puncti-ventris* Rog.) ¹).

3. **bifoveolatus** Bris.

    « En compagnie de petites fourmis ».
    Ch. Delarouzée. — Bei Collioures, Ostpyren. (*Ann. Soc. Ent. Fr.*, 1860, p. 346). — Granada, Span. (Collect. Fauvel).

4. **excisus** Thoms.

    Thomson gibt nur an: « Selten; von Prof. Boheman in Westgothland (Schweden) gefunden » (*Op. Ent.*, IV, p. 371).

5. **siculus** Rottb.

    v. Rottenberg sagt nur, dass er 2 Exemplare « bei Ameisen », unter einem Steine bei Catana gefunden habe (*Deutsch. Ent. Zeitschr.* 1870, p. 25)..

6. **pubicollis** Bris. (= *inflatus* Kr.) ²).

    Bei *F. rufa* L. ³).

    Fuss. — Ahrweiler im Ahrthal (*Berl. Ent. Zeitschr.* 1865, p. 109).

    Scriba. — Oberlais in Hessen (*Berl. Ent. Zeitschr.* 1866, p. 292.

    Weise. — Potsdam, Mai (*Deutsch. Ent. Zeitschr.* 1872, p. 157).

---

1) Vgl. Dr. Gust. Mayr, *Die Formiciden d. Verein. Staaten* (Wien, 1886), p. 34 und 35.

2) Diese seltene Art ist sporadisch fast über ganz Europa verbreitet. Ausser den obigen Fundorten sah ich Exemplare aus verschiedenen Theilen Deutschlands (besonders aus d. Rheinpfalz) und Frankreichs, und aus Serbien in der Sammlung von Eppelsheim, aus Böhmen erhielt ich ein Exemplar von Reitter; nach Fauvels brieflicher Mittheilung kommt sie an den verschiedensten Punkten Frankreichs vor, ferner in Belgien (Roumont), Spanien (Escorial).

3) Manche der älteren Fundortsangaben über „*paradoxus*" bei „*rufa*" mögen sich wohl auf *pubicollis* beziehen. Wahrscheinlich ist dies bei den von Erichson (*Gen. n. Spec. Staphyl.* p. 201) erwähnten Exemplaren, die „statura majore et colore saturatiore" sich auszeichnen. Da jedoch hier die Ameisenart nicht sicher ist, übergehe ich diese Angabe. Obige fünf Angaben sind ziemlich zuverlässig. Ueber jene von Lespès vgl. n°. 1 (Historische Vorbemerkungen), S. 6.

Fairmaire und Chevrolat. — St. Germain (*Ann. Soc. Ent. Fr.* 1860, p. 346).

[Lespès. — Meudon (*Bull. Soc. Ent. Fr.* 1855, p. LI).]

Bei *F. sanguinea* Latr.

    Forel. — Vogesen, August, in ziemlicher Anzahl (*Fourm. d. l. Suisse*, p. 426) [1]).

Bei « *F. cunicularia* » (entweder *cunicularia* Latr. = *rufibarbis* F., oder *sanguinea* Latr.) [2]).

    Rey. — Im Rhonedepartement, im Herbste (Mulsant, *Coléopt. de France*, Brévip. Aléoch. 1873, p. 24).

Bei *Myrmica laevinodis* Nyl.

    Habelmann. — Berlin (*Berl. Ent. Zeitschr.* 1865, p. 109).

    Fuss. — Ahr- und Rheingegend, September (*Berl. Ent. Zeitschr.* 1865, p. 411).

Bei « *Myrmica rubra* L. » [3]).

    Charles und Henri Brisout. — St. Germain (*Ann. Soc. Ent. Fr.* 1860, p. 346) [4]).

7. **paradoxus** Grav.

1. Gewöhnlich:

  a. Bei *Myrmica laevinodis* Nyl.

    Gredler. — Lienz (*Käf. Tirols*, I, p. 86).

    v. Hagens. — Bonn (*Berl. Ent. Zeitschr.* 1865, p. 109).

    Rouget. — Frankreich (André, n°. 46).

    Eppelsheim. — Rheinpfalz ⎫

    Ludy. — Bozen in Tirol ⎭ (collect. Eppelsheim).

---

1) Ich erhielt von Herrn Forel mehrere dieser schönen, durch besonders helle Färbung ausgezeichneten Exemplare. Forel bezeichnet sie l. cit. als „*paradoxus var. inflatus* Zett."

2) Die Fundortsangabe „unter Steinen" sowie die bedeutende Grösse des Gastes lässt hier die Deutung auf *Lasius brunneus* nicht zu.

3) Wahrscheinlich ist auch die bei Mäklin n°. 53 erwähnte *Lomechusa inflata?* Zett. aus Finnland („*L. paradoxa* Grav. dimidio major"), die Blank bei *M. rubra* fand, hieher zu stellen.

4) André n°. 46 citirt zwar „*Myrmica scabrinodis*"; da jedoch Herr Ch. Brisout auch in einer spätern brieflichen Mittheilung (1886) nur „*M. rubra*" erwähnt, wage ich nicht zu entscheiden, ob *M. scabrinodis* gemeint sei.

b. Bei *Myrmica scabrinodis* Nyl.
Forel. — In der Schweiz, mehrmals (*Fourm. d. l. Suisse*, p. 426).
Wahnschaffe (*Verz.*, p. 87).
c. Bei *Myrmica scabrinodis*, *ruginodis*, *rugulosa* Nyl.
Wasmann. — In der Umgegend von Roermond nicht selten; März, April, September, October.
Ferner: Die var. *laticollis* m. bei *scabrinodis* (Sept.).
» » *obsoleticollis* m. bei *ruginodis* (Sept.).
» » *rhombicollis* m. [1]) bei *ruginodis* (Sept.).
d. Bei « *Myrmica rubra* L. »

Auf diese Ameise, unter der wohl gewöhnlich *scabrinodis*, *laevinodis* oder *ruginodis* gemeint sein wird, lauten die meisten älteren Fundortsangaben; z. B. von Aubé, Müller, Kiesenwetter, Gistel, Rosenhauer, Gredler, etc. In manchen Fällen mag eine Verwechslung mit *pubicollis* vorliegen; bei Mäklin, n°. 51 ist unter der *Lom. paradoxa*, die er bei *M. rubra* als nicht selten angibt, wohl nur der echte *paradoxus* verstanden (vgl. Ibid., n°. 53).

---

1) Ueber Var. *laticollis* und *obsoleticollis* vgl. *Deutsch. Ent. Zeitschr.* 1887 l. cit. Die Var. *rhombicollis*, die ich erst seither gefunden, beschreibe ich hier: *Atemeles paradoxus* Grav. var. *rhombicollis*: „Major, thorace angustiore, lateribus subrectis, ad angulos anticos breviter rotundatis; colore thoracis abdominisque obscuriore". 4½ mm. Von der gewöhnlichen Form des *paradoxus* durch etwas bedeutendere Grösse (hierin der Var. *laticollis* entsprechend) und dunklere Färbung (hierin dem *pubicollis* und der hiesigen meist dunkleren Form des *emarginatus* ähnlich) unterschieden, namentlich aber durch die Gestalt des Thorax ausgezeichnet. Derselbe ist schmäler als bei der gewöhnlichen Form, die Rundung an den Vorderecken nimmt kaum ein Viertel des Seitenrandes ein (bei der gewöhnlichen Form über ein Drittel, oft fast die Hälfte), dadurch erscheinen die Seiten verhältnissmässig lang und fast gerade. Ferner ist der Seitenrand des Thorax schmäler aber gleichmässiger und stärker aufgebogen als bei der gewöhnlichen Form. Die stärker aufgebogenen Seitenränder des Thorax erinnern an die Var. *flexicollis* des *pubicollis*, die schmälere, schwach trapezförmige Gestalt desselben an *emarginatus* Var. *recticollis*. — Var. *rhombicollis* bildet das der Var. *laticollis* entgegengesetzte Extrem der Thoraxbildung von *paradoxus*. Die charakteristischen Merkmale des letztern (Punktirung und Behaarung) besitzt er wie die gewöhnliche Form.

2. Ausnahmsweise [1]):
a. Bei *F. fusca* L. [2]).
Waterhouse, Reading. — England (Janson, in *Entom. Annual*, 1856, p. 69; 1857, p. 95 u. 96; 1858, p. 78 ff.).
b. Bei *F. rufibarbis* F.
Rouget. — Frankreich (André, n°. 46).
c. Bei *Lasius fuliginosus* Latr. [3]).
Lünemann. — Göttingen (Märkel II, n°. 83).

8. **emarginatus** Grav.
1. Gewöhnlich:
a. Bei *M. laevinodis* Nyl.
Forel. — In der ganzen Schweiz im Frühling häufig (*Fourm. d. l. Suisse*, p. 426.
v. Hagens. — Bei Elberfeld (*Berl. Ent. Zeit.* 1865, p. 109).
Fuss. — Ahr- und Rheingegend, im Frühling und Herbst (*Berl. Ent. Zeit.* 1865, p. 411).
Wahnschaffe. — Im Frühling und Herbst (*Verz.*, p. 88) [4]).
Roger. — Rauden (*Verz.*, p. 29).

---

1) Die älteren Fundortsangaben über *paradoxus* bei *rufa* (z. B. Märkel II n°. 83; Erichson, *Gen. et Spec. Staph.*, p. 204; Grimm, *Stett. Ent. Zeit.* 1845, p. 133; Kraatz, *Stett. Ent. Zeit.* 1849, p. 185; etc.) übergehe ich wegen der Unzuverlässigkeit der Ameisenart. Wo es sich um den wirklichen *paradoxus* handelte (z. B. Kraatz l. cit.) wird die Ameise meist *F. sanguinea* gewesen sein (mit *fusca* als Hilfsameise).

2) Die von Fred. Smith bei *F. fusca* gefangenen „*Atemeles acuminatus* Steph.*"* scheinen *emarginatus*, nicht *paradoxus* gewesen zu sein (*Trans. Ent. Soc. Lond.* 1839, p. 151), da er in seinem spätern „Essay on the Gen. and Spec. of Formic." (*Trans.* 1854, p. 99) nur „*Lomechusa emarginata*" als von ihm bei *fusca* gefunden erwähnt.

3) In Märkel's zweitem Verzeichniss ist die *F. fuliginosa* zuverlässig, da er selbst (Einleitung p. 197) seine frühere Verwechslung von *fusca* und *fuliginosa* berichtigt. Bei Mäklin n°. 51 dürfte jedoch die Angabe (über *paradoxus*) „cum *F. fuliginosa* bis tantum obvia" auf *F. fusca* zu beziehen sein, da derselbe die beiden Arten nicht unterscheidet.

4) Wahnschaffe gibt daselbst auch Var. *nigricollis* Kr. an; da jedoch die in Wahnschaffe's Sammlung als Var. *nigricollis* bezeichneten Stücke zur gewöhnlichen Form und Färbung des *emarginatus* gehören, halte ich diese Angabe nicht für zuverlässig.

Eppelsheim. — Prad in Tirol: var. *hirticollis* m. [1])
(coll. Eppelsh.).
b. Bei *M. scabrinodis* Nyl.
Wahnschaffe (*Verz.*, p. 88).
v. Heyden. — Ahrweiler } (coll. Eppelsh.).
Bargagli. — Toscana
c. Bei *M. scabrinodis, ruginodis, rugulosa* Nyl.
Wasmann. — In der Umgegend von Roermond häufig; März, April, (Mai), Sept., Octob.
Ferner: var. *foveicollis* m. bei *scabrinodis* und *ruginodis*, März, Sept.; — var. *recticollis* m. bei *scabrinodis*, Sept.; — var. *angulicollis* m. bei *scabrinodis*, Sept,; — var. *nigricollis* Kr. bei *scabrinodis* und *ruginodis*, April, Sept. [1]).
d. Bei « *M. rubra* L » [2]).
Forel. — Schweiz « bei den Arten der Gattung *Myrmica* » (*Fourm. d. l. Suisse*, p. 426).
Smith, Janson, Reading. — England (*Trans. Ent. Soc. Lond.* 1854, p. 98 [3]); *Entomol. Annual* 1857, p. 95 u 96; 1858, p. 78 ff.).

2. Ausnahmsweise:
a. Bei *F. fusca* L. [Bei dieser Art kommt *A. emarginatus* nicht selten vor, obgleich nicht so oft und lange nicht so zahlreich wie bei den *Myrmica*].
Märkel. — Sächs. Schweiz (II, n⁰. 84) [4]).
Kraatz. — Berlin (*Stett. Ent. Zeit.* 1849, p. 185).
Gust. Mayr (*Formicin. Austr.* 1855).

---
1) *Deutsch. Ent. Zeit.* 1887, p. 104 u. 106.
2) Die F. „*rufa*", bei der nach Gyllenhal (bei Erichson, *Gen. et Spec.* n⁰. 205) *Lom. emarginata* ausschliesslich vorkommen soll, ist wohl auch = *M. rubra*.
3) Smith, der als Ameisenforscher die Nester der englischen Ameisen gründlich kannte, konstatirte, dass auch in England *At. emarginatus* bei *Myrmica* weit häufiger sei als bei *F. fusca* und *rufa*: „usually much more abundant in the nests of *Myrmica*".
4) Wenn Märkel auch hier noch den *At. emarginatus* der *F. fusca* vorzugsweise anweist, ohne *Myrmica* auch nur zu nennen, so hat er die Nester de letzteren wahrscheinlich nicht im ersten Frühling und im Herbste untersucht. (vgl. Märkel I n⁰. 15, 16).

Roger. — Rauden (*Verz.*, p. 29).
Janson. — England (*Entomol. Annual*, 1857, p. 95).
Wahnschaffe (*Verz.*, p. 88).
v. Hagens. — Elberfeld (*Berl. Ent. Zeit.* 1865, p. 109).
Eppelsheim. — Rheinpfalz' (coll. Eppelsh.).
Wasmann. — Bei Roermond (Exaeten) einmal unter den *fusca* in einer Kolonie von *F. sanguinea* (Juni 1887); einmal unter den *fusca* in einer Kolonie von *Polyergus rufescens* (April 1885); einmal in einer selbstständigen *fusca*-Kolonie (Mai 1888).

b. Bei *F. rufibarbis* F. [1]).
    Fuss. — Ahrweiler (*Berl. Ent. Zeit.* 1865, p. 109).
c. Bei *F. sanguinea* Latr.
    Wasmann (vgl. unter *fusca*).
d. Bei *F. rufa* L.
    Mayr (*Formic. Austr.*) [2]).
    Smith. — England (*Trans. Ent. Soc. Lond.* ser. 2, T. III, 1854, p. 98) [3]).
e. Bei *Polyerges rufescens* Latr.
    Wasmann (vgl. unter *fusca*).
f. Bei *Lasius fuliginosus* Latr.
    Roger. — Ratibor (*Verz.*, p. 29).
g. Bei *Tetramorium caespitum* L. [4]).
    Kolbe (Westhoff, *Käfer Westfalens*, p. 66).

---

1) Die älteren Angaben über *emarginatus* bei „*F. cunicularia*" (Mannerheim, *Bull. d. Moscou* 1844, p. 170 = Mäklin n°. 52; Aubé, bei Erichson, p. 205, etc.) übergehe ich wegen Unsicherheit der Ameisenart. Ebenso Chevrolat's Angabe über *paradoxus* bei *F. cunicularia* (*Rev. Ent.* Silbermann, III, p. 263).

2) Von Herrn G. Mayr selbst gefunden, wie auch die übrigen in den „Formicin. Austr." (*Verhandl. d. zool. bot. Ges. in Wien*, 1855) notirten Gäste, wie er mir selbst mittheilt; desshalb ist die Ameisenart sicher richtig.

3) Da Smith in dieser Abhandlung (*Essay on the Gen. and Spec. of british Formicid.*) *F. sanguinea* von *rufa* unterscheidet, halte ich diese Angabe für zuverlässig. Alle übrigen älteren Angaben über *emarginatus* bei „*rufa*" (z. B. Märkel II n°. 84) übergehe ich, weil wohl meist *sanguinea* (mit *fusca* als Hilfsameise) gemeint sein wird.

4) Diesen Fundort halte ich für rein zufällig, wie die manchmal vereinsamt unter Laub, Moos, Steinen etc. gefundenen umherstreifenden Exemplare von *emarginatus*. (Vgl. die später folgenden „Internationl-Beziehungen der *Atemeles*").

III.
ATEMELES EMARGINATUS UND PARADOXUS UND IHR VERHÄLTNISS ZU IHREN NORMALEN WIRTHSAMEISEN.

1. Näheres über Fundort.

Der normale Aufenthaltsort dieser zwei *Atemeles* und ihrer Varietäten sind die Nester der kleineren Arten der Gattung *Myrmica* (« *M. rubra* L. »); man vergleiche die Zusammenstellung der Fundorte (n°. II). Für die biologische Zusammengehörigkeit der genannten *Atemeles* zu den *Myrmica* spricht auch die Uebereinstimmung, die in Färbung und Grösse zwischen ihnen und diesen Ameisen obwaltet.

Hier (Exaeten) fand ich *At. emarginatus* und *paradoxus* bisher nur bei *M. scabrinodis*, *ruginodis* und *rugulosa*; *emarginatus* überdies einmal 1 Stück unter *F. fusca* in einer *Polyergus*-Kolonie (27 April 1885) und einmal 1 Stück unter *fusca* in einer *sanguinea*-Kolonie (5 Juni 1887) [1]). Während anderswo *M. laevinodis* die *Atemeles* am häufigsten beherbergt, habe ich hier bei *laevinodis* noch keinen einzigen *Atemeles* gefunden, desgleichen auch nicht bei *lobicornis* (*sulcinodis* kommt hier nicht vor). Für *laevinodis* hat dies seinen Grund wohl nur darin, dass dieselbe den hiesigen trockenen Sandboden nicht liebt und desshalb verhältnissmässig selten ist; ich finde ihre Nester fast nur auf cultivirten Wiesen und Feldern. Auch in dem trockenen harten Rasenboden, der die meisten Nester von *M. rugulosa* enthält, fand ich noch fast keine *Atemeles*. Die günstigsten Plätze für den Aufenthalt dieser Gäste scheinen hier lichte Birken- und Kieferwälder und Eichengebüsch zu sein, auf deren gelben Sandboden an den Wurzeln von Besenginster und Haidekraut vorzüglich *M. scabrinodis*, seltener *rugulosa*, ihre Nester hat, während daselbst unter Moos und Kiefernadeln oder an und in alten Strün-

---
1) Ferner 1 Stück in einer *fusca*-Kolonie (14 Mai 1888).

ken die meisten Nester von *ruginodis* sich finden. Dass ich bei *lobicornis* noch keine *Atemeles* traf [1]), dürfte wohl nicht so sehr der grösseren Seltenheit dieser Ameise oder einer Verschiedenheit der Nestplätze zuzuschreiben sein — denn manchmal lagen ihre Nester zwischen *Atemeles*-haltigen Nestern von *scabrinodis* — sondern vielmehr ihrem wilden, ungastlichen Temperamente [2]).

2. Zahlenverhältnisse.

Die Zahl der *Atemeles* in den *Myrmica*-Nestern wechselt sehr nach der Oertlichkeit. An manchen Stellen in hiesiger Gegend finde ich in keinem Neste auch nur ein Exemplar, an anderen nur vereinzelte oder wenige, an anderen fast immer eine grössere Zahl in jedem Neste. Letztere könnte man fast als « Atemeles-Striche» bezeichnen. So fand ich z. B. auf einer Fläche von kaum 10 m. Durchmesser, vom 17 September bis 7 October 1886, in 23 Nestern 306 *emarginatus* und 47 *paradoxus*. Die grösste Zahl von *Atemeles* in einem Neste beisammen fand ich am 5 October 1886, nämlich 112 *emarginatus* und 3 *paradoxus* (vgl. Tabelle, Nest *b*); ferner am 9 April 1887 in einem nur wenige Schritte weiter gelegenen Neste 65 *emarginatus* und 10 *paradoxus* (Nest *e*). So hohe Zahlen von *Atemeles* in demselben Neste beisammen sind übrigens selten; gewöhnlich bleibt ihre Anzahl unter 20.

Das Zahlenverhältniss von *emarginatus* und *paradoxus* ist bei *scabrinodis* und *ruginodis* nicht dasselbe; bei ersterer ist *emarginatus* durchschnittlich zwölfmal so häufig als *paradoxus*, bei letzterer nur ein und ein halbmal. Dies geht aus folgender Tabelle hervor, welche das Verhältniss von *emarginatus* zu *paradoxus* in 58 verschiedenen Nestern (mit Beifügung des Datums) angibt. Auf ein Nest von *scabrinodis* kommen durchschnittlich 11 *emarginatus*, aber nicht einmal ein ganzer *paradoxus* ($^{13}/_{14}$);

---

1) Einen scheinbaren Ausnahmefall, wo ein *At. emarginatus* in einem Neste von *scabrinodo-lobicornis* sich fand, werde ich später, bei den internationalen Beziehungen der *Atemeles* besprechen.

2) Die Versuche über die internationalen Beziehungen der *Atemeles* werden diese Erklärung bestätigen.

auf ein Nest von *ruginodis* dagegen kommen 3 *emarginatus* und 2 *paradoxus*.

Bei *scabrinodis*:

0 : 1 ⎫ 7 : 0 ⎬ 13. 9. 86. 4 : 0 ⎭	3 : 0 ⎫ 7 : 1 ⎬ 9. 4. 87. *e*) 65 : 10 ⎭
3 : 0 . 14. „ „	26 : 0 . 12. „ „
1 : 0 ⎫ 1 : 0 ⎬ 16. „ „ 1 : 1 ⎭	13 : 1 ⎫ 10 : 1 ⎬ 15. „ „
6 : 0 ⎫ 2 : 0 ⎬ 21. „ „	0 : 1 ⎫ 1 : 0 ⎬ 19. „ „ 2 : 0 16 : 1 ⎭
a) 37 : 4 ⎫ 7 : 4 ⎬ 22. „ „ 7 : 3 ⎭	3 : 0 ⎫ 0 : 1 ⎬ 20. „ „ 5 : 0 ⎭
7 : 0 ⎫ 23. „ „ 11 : 0 ⎭	4 : 2 ⎫ 26. „ „ 0 : 1 ⎭
1 : 1 ⎫ 5. 10. „ *b*) 112 : 3 ⎭	13 : 0 . 8. 9. „
c) 27 : 0 ⎫ 7. „ „ *d*) 42 : 0 ⎭	1 : 0 . 15. „ „ 17 : 0 . 16. „ „
2 : 0 ⎫ 5. 4. 87. 3 : 0 ⎭	10 : 3 . 22. „ „
	4 : 0 ⎫ 1 : 0 ⎬ 27. „ „ 1 : 0 ⎭

Summa 483 : 39
= 12,38 : 1

Bei *ruginodis*:

13 : 4 ⎫ 17. 9. 86. 6 : 3 ⎭	1 : 0 ⎫ 23. 9. 86. 1 : 0 ⎭
2 : 0 ⎫ 18. „ „ 4 : 5 ⎭	4 : 0 . 5. 10. „
4 : 5 ⎫ 20. „ „ 1 : 6 ⎭	4 : 1 ⎫ 26. 4. 87. 4 : 2 ⎭
2 : 0 . 21. „ „	0 : 1 ⎫ 29. 9. „ 0 : 1 ⎭
3 : 1 ⎫ 22. „ „ 3 : 4 ⎭	Summa 52 : 33 = 1,57 : 1

Bei *rugulosa* habe ich erst einmal *Atemeles* gefunden, und zwar in demselben Zahlenverhältnisse wie in einem benachbarten *ruginodis*-Neste (3 : 4. — 20. 9. 86) [1]).

---

[1] Seither noch zweimal (6 : 0. — 8. 5. 88; 1 : 0. — 14. 5. 88); in diesen Fällen waren *scabrinodis*-Nester in der Nähe.

3. Kreuzung und Varietäten von *Atemeles emarginatus* und *paradoxus*.

Aus der oben angeführten Tabelle ist ersichtlich, dass *At. emarginatus* und *paradoxus* sehr oft beisammen in demselben Neste leben. Andererseits habe ich in meinen künstlichen Nestern häufig gesehen, dass Männchen von *paradoxus* mit Weibchen von *emarginatus* sich zu paaren versuchten. In drei Fällen fand, wie ich mich durch Beobachtung mit der Lupe überzeugte, sicher eine wirkliche Vollziehung der Paarung statt. Die Eierablage und weitere Entwicklung zu verfolgen, ist mir bisher noch nicht geglückt [1]). Doch genügen bereits die obigen Wahrnehmungen, um die Entstehung mehrerer Varietäten von *At. emarginatus* und *paradoxus* vermuthungsweise zu erklären.

In den hiesigen *Myrmica*-Nestern finden sich nämlich eine Reihe von Formen beider Arten, die bezüglich der Bildung des Halsschildes [2]) gleichsam Uebergänge zwischen *emarginatus* und *paradoxus* darstellen. Die Grenzformen dieser Variabilität der Thoraxbildung wurden von mir in der *Deutsch. Ent. Zeitschr.* (1887, I. Hft. S. 97—107, « Ueber die europ. *Atemeles* ») als Varietäten beschrieben; *At. paradoxus*, Var. *rhombicollis*, ist oben in n°. II, S. 22 Anm. 1 charakterisirt.

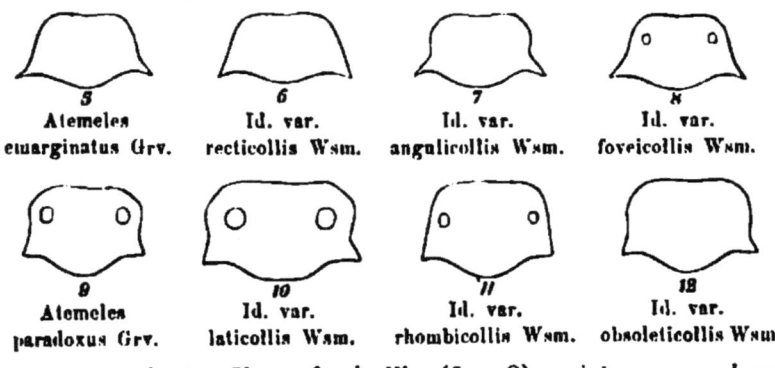

| 5 | 6 | 7 | 8 |
| Atemeles emarginatus Grv. | Id. var. recticollis Wsm. | Id. var. angulicollis Wsm. | Id. var. foveicollis Wsm. |

| 9 | 10 | 11 | 12 |
| Atemeles paradoxus Grv. | Id. var. laticollis Wsm. | Id. var. rhombicollis Wsm. | Id. var. obsoleticollis Wsm. |

At. emarginatus Var. *foveicollis* (fig. 8) neigt zu *paradoxus*

---

1) Vgl. jedoch den Nachtrag über die *Atemeles*-Larven.
2) Zu den unten beigefügten Abbildungen ist zu bemerken: In Fig. 10 sind von Xylographen die Hinterecken zu spitz dargestellt, die Krümmungen der rechten Seite zu eckig. In Fig. 11 ist die linke Ecke zu spitz, der Vorderrand zu gerade, die Hinterecken zu wenig vorstehend.

(fig. 9) durch die deutlich eingestochenen Halsschildgrübchen, die bei der normalen Form von *emarginatus* (fig. 5) fehlen. — Var. *recticollis* (fig. 6) neigt zu *paradoxus* durch grössere Breite des Halsschildes, das von hinten nach vorne nur sehr wenig sich verengt; es ist überdies durch völlig geradlinige (nicht ausgerandete) Seiten ausgezeichnet. Das entgegengesetzte Extrem bildet die Var. *angulicollis* (fig. 7), bei welcher die Halsschildseiten nicht allmählig ausgerandet (typ. Form von *emarginatus*) sondern winkelig ausgeschnitten sind.

At. paradoxus Var. *obsoleticollis* (fig. 12) neigt zu *emarginatus* durch den Mangel deutlicher Halsschildgrübchen, die man früher für ein wesentliches Merkmal von *paradoxus* hielt. — Var. *rhombicollis* (fig. 11) neigt zu *emarginatus* durch das schmälere fast trapezförmige Halsschild und durch die dunklere Färbung. — [Var. *acuticollis* (aus der Rheinpfalz, collect. Eppelsheim) neigt zu *emarginatus* durch spitzere, weiter vortretende Halsschildhinterecken. Var. *laticollis* (fig. 10) (von hier) neigt zu *pubicollis* durch grössere Breite des Halsschildes, flachere Seitenränder und namentlich durch den in der Mitte fast gerade abgeschnittenen Hinterrand desselben] [1]).

At. emarginatus Var. *foveicollis* fand ich wiederholt bei *scabrinodis* und *ruginodis* (besonders bei *scabrinodis*), theils zugleich mit *paradoxus*, theils in der Nachbarschaft von Nestern, die *paradoxus* enthielten. Gleichfalls mit oder nahe bei *paradoxus* traf ich auch die Var. *recticollis* (bei *scabrinodis*). Merkwürdig ist, dass die entgegengesetzten Varietäten *recticollis* und *angulicollis* an derselben Oertlichkeit sich fanden, einmal sogar in demselben Neste beisammen. Die Var. *obsoleticollis* des *paradoxus* begegnete mir nur bei *ruginodis*, stets mit *emarginatus*. Var. *rhombicollis* fand ich nur einmal (bei *ruginodis*), ohne *emarginatus*, doch habe ich den betreffenden Platz noch nicht weiter durchforscht. Var. *laticollis* gleichfalls nur einmal (bei *scabrinodis*), zugleich mit einem *emarginatus* der gewöhnlichen Form.

Mit Ausnahme von Var. *rhombicollis*, zu der ich bisher noch

---

1) Den *acuticollis* und *laticollis* führe ich deshalb in Klammern an, weil erstere nicht von hier ist, letztere aber einer Art sich anschliesst, die hier bisher noch nicht gefunden wurde, in Belgien jedoch vorkommt.

keine Uebergänge gefunden habe, sind die übrigen Varietäten mit ihrer Stammform durch manche Uebergänge verbunden; letztere sind meist zahlreicher als die erwähnten extremen Varietäten, und finden sich öfters in demselben Neste mit ihnen oder in der Nachbarschaft.

Aus diesen Angaben folgt für die Systematik der *Atemeles*, dass die Thoraxbildung ein veränderlicherer Faktor ist, als man früher glaubte, während die Länge des dritten Fühlergliedes, n a m e n t l i c h a b e r d i e P u n k t i r u n g u n d B e h a a r u n g konstante Unterschiede bieten. Uebrigens sind *emarginatus* und *paradoxus* auch in der Thoraxbildung insofern konstant verschieden, als bei ersterem der Thorax von den Hinterecken nach vorne sich b e d e u t e n d verschmälert, bei letzterem nur u n b e d e u t e n d oder fast gar nicht (vergl. Fig. 5—8 und 9—12) [1]). Es folgt ferner für die Biologie der *Atemeles* das interessante Ergebniss, dass manche der obengenannten Varietäten vielleicht durch Kreuzung der beiden Stammformen entstehen; dies gilt namentlich für die Var. *obsoleticollis* des *paradoxus* und für die Var. *foveicollis* des *emarginatus*. Vielleicht entsteht erstere durch wiederholte Kreuzung von *emarginatus* ♂ mit *paradoxus* ♀, letztere durch wiederholte Kreuzung von *paradoxus* ♂ mit *emarginatus* ♀? Für diese Annahme sprechen die häufigen Uebergänge zwischen *emarginatus* und Var. *foveicollis* in jenen Nestern, die auch *paradoxus* beherbergen; ferner die oftmaligen Paarungsversuche von *paradoxus* ♂ mit *emarginatus* ♀.

4. Zeit des Vorkommens bei den *Myrmica*.

1. *Atemeles emarginatus* und *paradoxus* finde ich hier bei *Myrmica* von Mitte März bis Anfang Mai, von Anfang September bis in die erste Hälfte des October.
2. Von October bis März überwintern die *Atemeles* bei den Ameisen.
3. Von Mai bis September sind für gewöhnlich weder *Atemeles* noch deren Larven in den *Myrmica*-Nestern zu finden.

---

1) Näheres vgl. *Deutsch. Ent. Zeitschr.* 1887, 1 Hft., p. 97—107. — *At. paradoxus* Var. *rhombicollis* ist in der Bestimmungstabelle der *Atemeles* p. 107 zwischen Var. *laticollis* und *acuticollis* zu stellen.

Ad 1. Die *Myrmica* und ihre Gäste erscheinen meist erst einige Wochen später als *Formica rufa*, *pratensis* und *sanguinea*. Erst nachdem die Frühlingssonne eine Woche lang die Erde ordentlich durchwärmt hat, darf man hoffen, mit Erfolg *Atemeles* zu suchen, da die *Myrmica* ihren unterirdischen Winteraufenthalt nicht früher verlassen. Dieser Termin tritt nicht jedes Jahr um dieselbe Zeit ein, sondern schwankt von der ersten Hälfte des März bis Anfang April. Am frühesten fand ich die ersten *Atemeles* 1884 (Mitte März), am spätesten 1888 (gegen Mitte April). An warmen Frühlingstagen halten sich die *Atemeles* meist im obersten Theile des Nestes auf, manchmal auch vereinzelt vor dem Nesteingang unter Laub bei einigen der Ameisen; an feuchten, kühlen Tagen ziehen sie sich mit den Ameisen tiefer in das Nest zurück.

Wie der Beginn, so ist auch das Ende des *Atemeles*-Termins im Frühling einem gewissen Wechsel unterworfen, je nachdem der Frühling kühl und feucht oder warm und trocken war; in ersterem Falle bleiben die *Atemeles* längere Zeit in den *Myrmica*-Nestern als in letzterem. So fand ich 1885 und 1886 in der zweiten Hälfte des April keinen *Atemeles* mehr bei *Myrmica*; 1887 fand ich noch am 26 April ziemlich viele in mehreren verschiedenen Nestern (bei *scabrinodis*), 1888 sogar bis Mitte Mai (bei *scabrinodis* und *rugulosa*).

Die zweite Periode des Vorkommens der *Atemeles* bei *Myrmica* ist im Herbste. Der früheste meiner Herbstfunde ist vom 8 September (1887) datirt. Vom 13 September bis 7 October 1886 fand ich *Atemeles* bei *M. scabrinodis* und *ruginodis* in grosser Zahl (vgl. die Tabelle S. 28, besonders Nest *b*, *c*, *d*). Näheres über die Octoberfunde folgt unten.

Ad 2. Wo bleiben die *Atemeles* während der übrigen Zeit des Jahres? Für die Zeit von October bis März ergibt sich die Antwort aus folgenden Beobachtungen. Von den 115 *Atemeles*, die ich am 5 October 1886 (an einem schönen Herbsttage, zwischen 2 und 3 Uhr) in einem Neste von *scabrinodis* fand, waren über hundert $\frac{3}{4}$ bis $1\frac{1}{4}$ Fuss tief unter der Erde, in den untersten Gängen des Nestes klumpenweise beisammen. Aehnlich verhält es sich mit den

26 und den 42 *emarginatus* vom 7 October 1886. Die *Atemeles* überwintern also mit den Ameisen [1]). Schon Kraatz (*Stett. Ent. Zeit.* 1849, p. 115) fand *At. emarginatus* einmal « bei *F. fusca* unter Moos überwinternd ».

In meinen *Myrmica*-Nestern, die ich während des Winters im geheizten Zimmer hielt, dauerte die Beleckung und Fütterung, überhaupt die ganze gastliche Behandlung der *Atemeles*, den Winter hindurch bis Mitte des folgenden Frühlings (Vgl. ad 3).

Ad 3. Von Mai bis September fand ich keine *Atemeles* mehr in Gesellschaft der *Myrmica*, obgleich ich viele Nester in dieser Zwischenzeit untersuchte. Dagegen traf ich einige vereinzelte Individuen ausserhalb der Kolonien jener Ameisen, namentlich bei *F. fusca* und solchen Arten, die *fusca* als Hilfsameise haben (vgl. S. 26). Hiernach ist es wahrscheinlich, dass einzelne *Atemeles*, nachdem sie die *Myrmica*-Nester verlassen haben, bei andern Ameisen Aufnahme suchen und finden [2]).

Mit diesen Beobachtungen an den in freier Natur befindlichen Nestern stimmen die mit meinen künstlichen *Myrmica*-Nestern gemachten Erfahrungen überein. Bald nach der Paarung (die bei den im Frühling gefangenen *Atemeles* meist vor Ende April oder Anfang Mai, bei den im Herbste gefangenen und über Winter im warmen Zimmer gehaltenen *Atemeles* dagegen oft erst Ende Mai oder Anfang Juni erfolgte) wurden die Käfer sehr unruhig, suchten fortwährend das Nest zu verlassen, magerten zusehends ab und starben bald darauf. Meist änderte sich auch das Benehmen der Ameisen gegen sie um diese Zeit; sie wurden nicht mehr gastlich behandelt und öfters umhergezerrt. Der nächste Grund hierfür schien in der Aenderung des Verhaltens der Käfer, namentlich in ihrer fortwährenden, ängstlichen Unruhe zu liegen, die den Ameisen unbequem wurde.

---

1) Dass *Lomechusa strumosa* bei den Ameisen überwintere, hat schon Schmid (1801) beobachtet. Ueber die Ueberwinterung anderer Ameisengäste mit den Ameisen hoffe ich später meine Beobachtungen mitzutheilen.

2) Dies ist von Bedeutung für die Beurtheilung der später zu besprechenden „internationalen" Beziehungen der *Atemeles* und für ihre Entwicklungsgeschichte.

Es fiel mir auf, dass trotz der oft grossen Zahl der *Atemeles* in den *Myrmica*-Nestern in der Zwischenzeit (Mai bis September) keine Larven daselbst sich fanden, die auf *Atemeles* sich beziehen liessen. Schon hiedurch war es wahrscheinlich, dass deren Larven bei *Formica*-Arten zu suchen seien (vgl. Nachtrag).

5. Fortpflanzung, Entwicklung, Lebensdauer.

Die Paarung erfolgt im *Myrmica*-Neste, die Eierablage und Entwicklung der Larven ausserhalb desselben, wahrscheinlich in der Nähe. Im Herbste suchen die neuentwickelten Käfer, wahrscheinlich durch den Geruchssinn ihrer Fühler geleitet, die benachbarten *Myrmica*-Nester wieder auf. Die Entwicklungsdauer der *Atemeles* vom Ei bis zum Käfer beträgt durchschnittlich 4 bis 5 Monate, ihre normale Lebensdauer als Imago 7 bis 9 Monate.

Diese Angaben sind theils Beobachtungsresultate, theils unmittelbare Schlüsse aus solchen.

Die Paarung der *Atemeles* in den *Myrmica*-Nestern habe ich sehr häufig beobachtet, jedoch stets nur im Frühling, niemals im Herbste; die im September und October gefundenen *Atemeles* paarten sich erst im nächsten Frühling. Hieraus folgt, in Uebereinstimmung mit der Ueberwinterung der *Atemeles* bei *Myrmica*, dass nur eine Generation jährlich anzunehmen ist [1]). Die Paarung und Paarungsstellung von *emarginatus* habe ich bereits früher (*Deutsch. Ent. Zeitschr.* 1886, p. 54) näher beschrieben; sie gleicht einem Fragezeichen, an dessen Enden die Köpfe der beiden Käfer sich befinden: ∾. Die Paarungsstellung von *At. paradoxus* ist dieselbe; auch bei *Lomechusa strumosa*, *Dinarda dentata* und mehreren Myrmedonien habe ich diese Paarungsstellung beobachtet [2]).

---

[1]) Fuss (*Berl. Ent. Zeitschr.* 1865, p. 411) bezeichnet die im Herbste gefundenen *Atemeles* als zweite Generation. Da jedoch diese Käfer identisch sind mit den im nächsten Frühling erscheinenden, ist jährlich nur eine Generation vorhanden.

[2]) Bei letzteren hat sie schon Kiesenwetter 1813 (*Stett. Ent. Zeit.* IV, p. 306) beschrieben.

Wie schon oben bemerkt, kommen manchmal auch Kreuzungen von *paradoxus* und *emarginatus* vor. Die Männchen von *paradoxus* scheinen besonders paarungslustig zu sein. Sie versuchen die Paarung sehr häufig und zwar fast unterschiedslos mit allen in demselben Neste befindlichen *At. paradoxus* und *emarginatus*, manchmal sogar mit Männchen dieser beiden Arten [1]). Die zahlreichen Paarungsversuche waren meist vergeblich; namentlich die Kreuzung mit *emarginatus* gelang nur verhältnissmässig selten. Bei *paradoxus* wie bei *emarginatus* paarte sich dasselbe Männchen öfters mit demselben oder mit verschiedenen Weibchen; ähnlich auch die Weibchen.

Die Eierablage habe ich nie beobachtet. Wahrscheinlich erfolgt dieselbe a u s s e r h a l b des Nestes, ebenso auch die weitere Entwicklung. Hierfür spricht ausser den im vorigen Kapitel ad 3 erwähnten Thatsachen auch der Umstand, dass ich nie eigentlich unausgefärbte Exemplare von *Atemeles* bei *Myrmica* gefunden habe, während ich solche von anderen Ameisengästen (z. B. *Dinarda dentata* bei *F. sanguinea*, *D. Märkelii*, *Notothecta flavipes*, etc., etc. bei *F. rufa*) oft fand. Andererseits ist es jedoch wahrscheinlich, dass die Entwicklung der *Atemeles* i n d e r N ä h e der *Myrmica*-Nester vor sich gehe, da sich in benachbarten Nestern gewöhnlich dieselben Varietäten von *Atemeles* finden.

Die Entwicklungsdauer und Lebensdauer der *Atemeles* folgt aus den Angaben über Zeit des Vorkommens, Paarungszeit, etc. (vgl. das vorige Kapitel).

Am längsten lebten in meinen künstlichen Nestern drei *paradoxus*, die ich September 1886 gefunden und bei *scabrinodis* zur Beobachtung hielt. Obgleich durch Unachtsamkeit das Nest mehrmals fast austrocknete und über die Hälfte der Ameisen und fast alle *emarginatus* dabei zu Grunde gingen, lebte der eine der *paradoxus* bis zum 18 Mai, der zweite bis zum 2 Juni, der dritte bis zum

---

1) Ich konnte dies daraus ersehen, das die betreffenden Individuen, mit denen ein *paradoxus* so eben die Paarung versucht hatte, bald darauf mit anderen Individuen sich activ paarten.

18 Juni 1887 ¹). Die beiden letzten hatten sich erst am 19 Mai gepaart. Bei besserer Pflege konnte ich auch (Winter 1887—88) sämmtliche *emarginatus* (bei *M. scabrinodis* und *ruginodis*) bis zu ihrer Paarungszeit im nächsten Frühling halten.

6. Parasitische Beziehungen zu ihren Wirthsameisen.

In meinen früheren Mittheilungen über die Lebensweise von *At. emarginatus* hatte ich die Vermuthung ausgesprochen, dass *At. emarginatus* desshalb Ende April in den *Myrmica*-Nestern nicht mehr vorkommt bezw. nicht mehr geduldet werde, weil die unbedeckten Puppen der *Myrmica* von ihm zu sehr gefährdet werden (*Deutsch. Ent. Zeitschr.* 1886, 1 Hft, S. 52, n°. 9). Im Folgenden wird sich zeigen, dass diese Vermuthung sich seither bestätigte.

Die parasitischen Beziehungen von *At. emarginatus* und *paradoxus* gehen hervor:

1. Aus directen Beobachtungen in der Gefangenschaft.
2. Aus der Beschaffenheit der *Myrmica*-Kolonien, in denen die *Atemeles* im Frühling und Herbste sich finden.
3. Aus der Zeit ihres Vorkommens bei *Myrmica*.
4. Aus dem Vergleiche mit dem Vorkommen der *Lomechusa* und *Atemeles* bei *Formica*-Arten.

Ad 1. Obgleich die *Atemeles* echte Gäste der Ameisen sind, d. h. zu ihren Wirthsameisen in einer wechselseitigen gastlichen Beziehung stehen, so fressen sie doch auch gerne die Puppen ihrer Wirthe und werden insofern Schmarotzer im weiteren Sinne. Schon früher (*Deutsch. Ent. Zeitschr.* 1886, S. 51, n°. 7) hatte ich die Beobachtung gemacht, dass die *emarginatus* eine Anzahl Puppen von *F. rufa* verzehrten, die ich ihnen in das *Myrmica*-Nest gelegt hatte; sie selbst versuchten vergeblich ein Loch in das umhüllende Gespinnst zu nagen, bis dasselbe von den *Myrmica*

---

1) Die normale Lebensdauer ist mindestens um einen Monat kürzer, weil die Paarungszeit in freier Natur früher eintritt.

durchlöchert wurde, die gleichfalls an jenen Puppen frassen. Seither habe ich den Versuch oft wiederholt, namentlich mit den Puppen von *Myrmica*-Arten, und zwar mit demselben Erfolge: ich sah *Atemeles emarginatus* und *paradoxus* häufig an denselben fressen, namentlich an den Puppen von Männchen und Weibchen. Dagegen liessen sie die Larven der *Myrmica* meist unberührt oder beleckten dieselben höchstens vorübergehend, ähnlich wie die Ameisen ihre Larven belecken, jedoch oberflächlicher.

Ad. 2. Die Untersuchung einer grossen Zahl von *Myrmica*-Nestern ergab das folgende Resultat:

1. In jenen Kolonien von *Myrmica*, die viele Puppen hatten, waren niemals zugleich *Atemeles* vorhanden.
2. In jenen Kolonien, die eine beträchtliche Anzahl geflügelte Ameisen (δ und φ oder eines von beiden) enthielten, waren niemals zugleich *Atemeles* vorhanden.
3. In jenen Kolonien, die keine oder wenige Puppen, dafür aber eine Anzahl Eier oder Larven, namentlich junge, enthielten, waren ziemlich oft zugleich auch *Atemeles* vorhanden, aber niemals zahlreich.
4. Am zahlreichsten waren die *Atemeles* in solchen Kolonien, die weder Eier, noch Larven, noch Puppen, noch geflügelte Ameisen, sondern nur Arbeiter und alte, flügellose Weibchen enthielten: in diesem Stadium befanden sich die *scabrinodis*-Kolonien *a*, *b*, *c*, *d*, *e* (vgl. die Tabelle S. 28).

Auffallend war in den meisten der letztgenannten Kolonien die grosse Zahl der alten flügellosen Weibchen. In Kol. *a* betrug dieselbe zwischen 30 und 40, in Kol. *b* sogar über 60. Entsprechend gross war in diesen Kolonien auch die Zahl der Arbeiter. Ein beträchtlicher Theil der letzteren in den im Herbste untersuchten Kolonien *a*, *b*, *c*, *d* bekundete durch seine hellere Färbung, dass diese Individuen erst vor einigen Wochen aus der Puppe gekommen waren.

Junge Arbeiter kommen also zugleich mit *Atemeles* in demselben Neste vor, jedoch keine oder nur selten und vereinzelt junge

Männchen und Weibchen. Diese Thatsache ist vielleicht daraus
erklärlich, dass die *Atemeles*, gleich den Ameisen, die Puppen der
Männchen und Weibchen mit besonderer Vorliebe fressen. Andererseits ist jedoch auch zu berücksichtigen, dass die Ausfärbung der
Myrmica-Arbeiter wegen des harten Chitinpanzers sehr langsam vor
sich geht, und dass desshalb die *Atemeles* vielleicht erst in jene
Nester kamen, nachdem die Arbeiter bereits die Puppe verlassen
hatten. Vielleicht sind auch beide Erklärungen zutreffend.

Ad 3. Die gewöhnliche Zeit des Vorkommens der *Atemeles* bei
Myrmica ist gleichfalls ein Beweis, allerdings nur ein indirekter,
für die parasitische Bedeutung derselben. Dies ist nämlich gerade
jene Zeit in welcher die *Myrmica* für gewöhnlich keine
Puppen haben, wenigstens keine Puppen von Männchen und Weibchen. Die ersten im Frühling gelegten Eier
liefern gewöhnlich Männchen und Weibchen. Die Zeit ihres Puppenstandes beginnt durchschnittlich erst Anfang Mai; um diese
Zeit finden sich aber auch durchschnittlich keine *Atemeles*
mehr in den *Myrmica*-Nestern. Sie treten daselbst erst dann wieder
auf, wenn bereits die durchschnittliche Entwicklungszeit der Männchen und Weibchen vorüber ist, nämlich Anfang oder Mitte
September. Ferner verkürzen dieselben günstigen Witterungsumstände, welche die Entwicklung der *Myrmica*-larven beschleunigen,
den Frühlingsaufenthalt der *Atemeles* und ermöglichen ihnen andererseits eine frühere Rückkehr im Herbste; entsprechend wirken die
ungünstigen Witterungsumstände verzögernd auf die Entwicklung
der *Myrmica*-Brut und auf den Aufenthalt bezw. die Rückkehr der
Atemeles.

Der tiefere teleologische Grund, weshalb von Mai bis September
keine *Atemeles* bei *Myrmica* sich zu finden pflegen, ist also wahrscheinlich darin zu suchen, dass die unbedeckten Puppen
der *Myrmica*, namentlich die der Männchen und Weibchen, durch
die Anwesenheit der *Atemeles* gefährdet und dadurch
der Bestand der Art allmählich erheblich beeinträchtigt würde. Immerhin wird auch unter gegenwärtigen
Umständen nach und nach die Bewohnerschaft jener Nester, die

alljährlich eine grosse Zahl von *Atemeles* beherbergen, auf Arbeiter und alte Weibchen reduzirt werden; dies scheint wenigstens aus der Beschaffenheit der *scabrinodis*-Kolonien a, b, c, d, e zu folgen, obgleich das « wie? » noch seine Schwierigkeiten bietet. Die grosse Zahl der alten Weibchen in a und b dürfte wohl daraus zu erklären sein, dass die *Atemeles* von vorne herein starke Kolonien den schwachen vorziehen, da sie bei der grösseren Individuenzahl der Ameisen besser gefüttert werden; wahrscheinlich finden sie auch starke Kolonien (wegen des stärkeren Geruches) leichter auf als schwache, und diejenigen, in denen ihre Eltern lebten, leichter als fremde (wenigstens wegen der grösseren Nähe). Dadurch liesse sich auch die Anhäufung der *Atemeles* in manchen Kolonien begreifen. So lange die alten Weibchen leben, kann die Kolonie durch junge Arbeiter sich immer noch mehren; aber für die zu starke Ausbreitung der *Myrmica* durch die geflügelten Geschlechter scheinen die *Atemeles* auch jetzt noch ein gewisser Hemmschuh zu sein.

Wenn es sich bestätigte, dass die Entwicklung der *Atemeles* ausserhalb der *Myrmica*-Nester erfolgt, so liesse sich auch hiefür ein teleologischer Zusammenhang mit dem Schmarotzerthum der *Atemeles* aufzeigen. Die relativ bedeutende, manchmal sogar grosse Zahl von Larven dieser Käfer dürfte den unbedeckten Puppen der *Myrmica* in den Monaten Juni und Juli eine nicht zu unterschätzende Gefahr bereiten, eine Gefahr, die für das Wohl der Art von Bedeutung sein könnte. Desshalb ist es nicht unwahrscheinlich, dass sowohl die Aufenthaltsdauer der *Atemeles* bei *Myrmica*, als der Entwicklungsort ihrer Larven in Beziehung zu einer den unbedeckten Puppen der *Myrmica* drohenden Gefahr stehe.

Ad 4. Da die *Formica*-Arten für gewöhnlich bedeckte Puppen haben, die durch ein Gespinnst geschützt sind [1]), darf man, falls

---

[1]) Vgl. Forel, *Fourm. d. l. Suisse*, S. 391, etc. — Am 16 Juli 1887 fand ich hier in einem *sanguinea*-Neste eine besonders grosse Zahl unbedeckter Puppen von *sanguinea*. Sonst sah ich nur vereinzelte, meist von ♂ oder ♀, die von den Arbeitern zu früh aus dem Cocon gezogen und dann meist aufgefressen wurden.

obige Hypothese richtig ist, erwarten, dass der Aufenthalt der *Lomechusa strumosa* bei *F. sanguinea* länger dauere als der Aufenthalt der *Atemeles* bei *Myrmica*, und dass die Entwicklung von *Lomechusa* im Ameisenneste selbst erfolge. Beides trifft auch thatsächlich zu. *Lom. strumosa* findet sich bei *F. sanguinea* als Imago bis Mitte Juni oder Juli, und ihre Larven werden sogar von den Ameisen gepflegt (J. Sahlberg. Vgl. n°. I, S. 9). Es ist bemerkenswerth, dass aus den erwähnten Verschiedenheiten der Aufenthaltsdauer und des Entwicklungsortes von *Lomechusa* und *Atemeles* auch fast alle übrigen Unterschiede, die zwischen ihren beiderseitigen Gastverhältnissen obwalten, sich erklären lassen; so z. B. die grössere Zudringlichkeit und Initiative der *Atemeles* und ihre vollkommenere Nachahmung des Ameisenbenehmens (weil sie sich häufig erst Aufnahme verschaffen müssen), der grössere Umkreis ihrer Wirthsameisen (weil sie beim Aufsuchen der Ameisennester häufiger zu fremden Kolonien, Rassen, Arten gelangen werden), endlich ihre grössere psychische und körperliche Beweglichkeit und Selbstständigkeit gegenüber der grösseren Abhängigkeit und dem plumperen Benehmen der *Lomechusa*.

Da *Lom. strumosa* gesetzmässig auf *F. sanguinea* angewiesen ist, war sie zum Vergleiche mit den gesetzmässig bei *Myrmica* hospitirenden *At. emarginatus* und *paradoxus* besonders geeignet. Minder massgebend ist der Vergleich des letzteren Verhältnisses mit dem Vorkommen derselben *Atemeles* bei *Formica*-Arten. Denn da die hauptsächliche und desshalb auch die ursprüngliche Wirthsameise dieser Arten ohne Zweifel von jeher *Myrmica* war (man berücksichtige auch die Uebereinstimmung in Grösse und Färbung!), so wird sich auch Entwicklungsdauer und Entwicklungsort dieser Gäste nach ihrem Verhältnisse zu *Myrmica* gerichtet und befestigt haben, nicht aber nach jenen Ameisen, bei denen sie nur ausnahmsweise oder höchstens secundär vorkamen. Dies wäre dann um so mehr der Fall, wenn es sich bestätigen sollte, dass die *Atemeles* sich meist dann erst bei *Formica* einstellen, nachdem sie die *Myrmica*-Nester verlassen haben. Für meine hiesigen *Atemeles*-Funde bei *Formica* trifft dies völlig zu (vgl.

Kap. 4 ad 3, S. 33). Auch Märkel scheint seine *At. emarginatus* bei *F. fusca* vorzüglich erst am Ende des Frühlings gefunden zu haben (I. *Verz.*, n°. 15, 16; vgl. II. *Verz.*, n°. 84). Nach Smith's und Janson's Beobachtungen (Histor. Vorbemerkungen, n°. I, S. 5, 6) scheint es fast, dass *F. fusca* die von *Myrmica* kommenden *Atemeles* manchmal abfängt und in ihre Nester trägt.

Da *At. pubicollis* in manchen Gegenden gesetzmässig bei *F. rufa* bez. *sanguinea* vorzukommen scheint, wäre es nicht unmöglich, dass hier eine verschiedene Regulirung der Entwicklungsdauer und des Entwicklungsortes je nach der Verschiedenheit der Puppen bei *Myrmica* und *Formica* stattgefunden hätte; das wäre jedenfalls eine auffallende Bestätigung meiner Hypothese. Dass *pubicollis* im Mai bei *rufa* (Weise) und im August bei *sanguinea* (Forel) gefunden ist, während seine Erscheinungszeit bei *M. laevinodis* mit jener von *At. emarginatus* übereinstimmt (Fuss, *Berl. Ent. Zeitschr.* 1865, p. 411), spricht in diesem Sinne; aber die Beobachtungen müssen sich noch bedeutend mehren, bis sie eine eigentliche Beweiskraft besitzen. Falls sich jedoch herausstellen sollte, dass Aufenthaltsdauer und Entwicklungsort von *pubicollis* mit dem seines nahen Verwandten *paradoxus* übereinkomme und nach *Myrmica* sich regle, so liesse sich dies daraus erklären, dass *Myrmica* auch für *pubicollis* die hauptsächliche und ursprüngliche Wirthsameise war, und dieser Gast erst später auch zu *Formica*-Arten überging. Dass eine solche Erweiterung des Umkreises der Wirthsameisen möglich sei, werden die internationalen Beziehungen der *Atemeles* zur Genüge beweisen. Uebrigens ist auch nicht zu übersehen, dass *pubicollis* eine selten und sporadisch vorkommende Art ist; darum blieb seine parasitische Bedeutung für die Wirthsameisen wahrscheinlich geringer als bei *emarginatus* und *paradoxus*. Sollte sich deshalb bei *pubicollis* meine Annahme nicht bestätigen, so wäre damit wenigstens kein Beweis gegen die Richtigkeit derselben erbracht.

Seither habe ich die muthmasslichen *Atemeles*-Larven in grosser Zahl bei *Formica* (*rufibarbis*) gefunden. Näheres in einem Nachtrage. Dass die *Atemeles*-Larven bei *Formica* (Puppen bedeckt!) leben, dient offenbar auch zur Bestätigung obiger Hypothese.

7. Geruch der *Atemeles* und *Myrmica*.

Atemeles emarginatus und *paradoxus* geben bei Aufregung einen angenehmen aromatischen Geruch von sich, der völlig übereinstimmt mit dem Geruche, den gereizte Honigbienen aus ihren Oberkieferdrüsen verbreiten. Der Sitz der betreffenden Drüsen ist bei *Atemeles* im Hinterleibe. Ganz denselben Geruch, jedoch in schwächerem Grade, geben auch bestimmte Drüsen (wahrscheinlich Oberkieferdrüsen) im Kopfe der *Myrmica* von sich.

1. Auf den Geruch der *Atemeles* machte schon Forel aufmerksam (*Fourm. d. l. Suisse*, p. 428); er nennt denselben « odeur de *Tapinoma* très intense ». Da *Tap. erraticum* in hiesiger Gegend selten ist, konnte ich mich über diese Analogie des Geruches noch nicht selbst vergewissern. Herr Forel machte mich jedoch darauf aufmerksam, dass der Geruch der Analdrüsen von *Tapinoma* völlig übereinstimme mit dem Geruch, den die gereizten Honigbienen aus ihren Oberkieferdrüsen von sich geben [1]). Ich machte den Versuch mit letzteren und fand, dass der Geruch völlig identisch ist mit dem Geruch der *Atemeles*. Es ist der Geruch eines flüchtigen aetherischen Oeles von eigenthümlichem Aroma [2]). Die *Atemeles* geben denselben vorzüglich dann von sich, wenn man sie mit den Fingern berührt, aber auch bei sonstiger Erregung. Sind mehrere in einem Gläschen beisammen, so genügt oft schon eine rasche Bewegung desselben, um den Geruch hervorzurufen. An der Luft verfliegt er sehr schnell. In einem geschlossenen Gefässe kann er mitunter sehr stark werden. Wenn ich an einem warmen Tage vom Fange der *Atemeles* nach Hause kam und die nicht gerade kleinen Fanggläser öffnete, in denen die *Atemeles* in grösserer Zahl sassen, war der aromatische Duft oft so intensiv geworden, dass wiederholtes Riechen an den Gläschen Kopfschmerzen verursachte. Nicht selten kam es auch vor, dass die *Atemeles* und

---

1) Vgl. auch Forel, Etudes Myrmécol. en 1886, p. 10 (*Ann. Soc. Ent. de Belgique*, Tome XXX, p. 140).

2) Ich verglich mehrere Aether, namentlich den Oxalsäureäthyläther, mit diesem bezüglich des Geruches; eine Aehnlichkeit lässt sich nicht verkennen; doch ist das Aroma des *Atemeles*-Geruches viel angenehmer und stärker.

die bei ihnen befindlichen *Myrmica* durch denselben wie berauscht wurden, umhertaumelten und schliesslich in eine Betäubung verfielen, aus der manche nicht mehr erwachten. Desshalb war ich genöthigt, die *Atemeles* in möglichst grossen Fanggläsern nach Hause zu bringen. Auf die *Myrmica* schien der Geruch noch schneller betäubend zu wirken als auf die *Atemeles*.

2. Der Sitz der Drüsen, die den Geruch verbreiten, ist bei *Atemeles* im Hinterleibe. Dies konnte ich leicht dadurch feststellen, dass ich den Käfer zerschnitt; Kopf und Brust gaben jenen Geruch nicht, sondern nur der Hinterleib. Je dicker der Hinterleib der betreffenden Individuen, desto stärker war der Geruch, den sie bei Berührung von sich gaben. Desshalb gab *paradoxus* durchwegs einen stärkeren Geruch als *emarginatus*.

3. Ganz denselben Geruch wie *Atemeles* gibt auch *Myrmica* von sich, jedoch in weit schwächerem Grade. Meist ist er erst dann bemerkbar, wenn man den Kopf der Ameise zwischen den Fingern zerreibt; der übrige Körper gibt jenen Geruch nicht. Bei grossen *scabrinodis* konnte ich ihn schon wahrnehmen, wenn ich eine einzelne Ameise in die Finger nahm und sie reizte. War eine grössere Anzahl von *Myrmica*, namentlich *scabrinodis*, längere Zeit in einem warmen Gläschen beisammen, so wurde auch hier der Geruch sehr bemerklich, obgleich nie so stark wie bei *Atemeles* unter ähnlichen Umständen. So weit meine bisherigen Untersuchungen reichen, geben alle *Myrmica* bei Zerreibung des Kopfes diesen Geruch, allerdings in sehr verschiedenem Grade; bei kleinen Rassen von *ruginodis* und noch mehr bei kleinen *rugulosa* war er namentlich bei feuchtem, kühlem Wetter oft kaum bemerkbar; am stärksten nahm ich ihn wahr bei grossen *scabrinodis*. Ich konnte bisher nicht konstatiren, dass solche *Myrmica*, die gerade *Atemeles* im Neste besassen, einen stärkeren Geruch gaben als andere; eine derartige Abhängigkeit scheint also nicht vorhanden zu sein.

4. Bedeutung des *Atemeles*-Geruches. Was den Geruch dieser Käfer im Vergleiche zu anderen Staphyliniden besonders auszeichnet, ist sein angenehmes Aroma und die Uebereinstimmung mit dem Geruche der Wirthsameisen. Die bei *Lasius*

fuliginosus lebenden Myrmedonien und *Xantholinus linearis* ¹) geben bei Berührung gleichfalls einen flüchtigen ätherischen Geruch von sich; aber derselbe ist ein unangenehmer und von dem Aroma des *Atemeles*-Geruches ganz verschieden, und ebenso leicht auch von dem kaustischen Geruche der *Lasius fuliginosus* zu unterscheiden. Schon früher (*Deutsch. Ent. Zeitschr.* 1886, 1 Hft, S. 62) habe ich die Ansicht ausgesprochen, dass der Geruch dieser Ameisenfeinde als Vertheidigungs- und Angriffswaffe gegenüber den Ameisen diene, und fand dieselbe seither wiederholt bestätigt. Obgleich der Geruch der *Atemeles* aus den erwähnten Gründen nicht mit jenem der Myrmedonien, *Xantholinus linearis*, etc. auf dieselbe Stufe gestellt werden darf, so glaube ich doch, dass er seinem Hauptzwecke nach ein **Schreck- und Vertheidigungsmittel** sei. Hiefür spricht namentlich die Identität des Geruches mit jenem, der von den Oberkieferdrüsen der erzürnten Bienen und von den Analdrüsen gereizter Dolichoderiden abgesondert wird ²). Für die geruchabsondernden Drüsen im Kopf der *Myrmica* ist diese Erklärung noch wahrscheinlicher.

Da die *Atemeles* namentlich bei unsanfter Berührung ihren Geruch von sich geben, dient er wahrscheinlich unter den gewöhnlichen Verhältnissen meist dazu, um allzu zudringlich leckende oder feindlich angreifende Ameisen abzuwehren. Dass die *Atemeles* bei Misshandlung ihre emporgekrümmte Hinterleibspitze gegen den Angreifer kehren und zugleich eine Ladung ihres Geruchs von sich geben, ist eine von mir oft beobachtete Thatsache (Vgl. näheres im 8 Kap., n⁰. 1); dieselbe beweist ziemlich sicher den **defensiven Charakter** des *Atemeles*-Geruches. Ob derselbe überdies in einer innigeren Beziehung zu jenen Drüsen stehe, die den für das Geschmacksorgan der Ameisen so angenehmen Stoff absondern, ist möglich, aber kaum wahrscheinlich. Daraus,

---

1) *Xantholinus linearis* ist nach meinen Erfahrungen ein äusserst häufiger wenngleich zufälliger Gast bei *Lasius fuliginosus*. Er wird verfolgt wie die Myrmedonien. — Auch nicht bei Ameisen lebende Staphyliniden. z. B. die *Philonthus*, verbreiten ähnliche Gerüche.

2) Vgl. Forel, *Etud. Myrmécol. en* 1886, p. 10.

dass jener Geruch für uns aromatisch ist, darf man jedenfalls nicht schliessen, dass er auch dem Geruchsorgan der Ameisen angenehm sei; denn die für uns würzigsten Essenzen sind für letztere meist das gerade Gegentheil; auch spricht der defensive Character des *Atemeles*-Geruches gegen diese Annahme. Es wäre übrigens immerhin noch möglich, dass nur das **Uebermass** jenes Geruches die Ameisen empfindlich berührte, während ein geringes Mass desselben eine angenehm **narkotische** Wirkung auf sie ausübte.

8. Allgemeines Benehmen der *Atemeles*.

Bevor ich zur Schilderung der gastlichen Beziehungen der *Atemeles* (d. h. zu ihrer Fütterung und Beleckung durch die *Myrmica*) übergehe, muss ich Einiges über ihr Verhalten im Allgemeinen vorausschicken.

1. Die *Atemeles* sind **sehr lebhafte, bewegliche Thierchen**; namentlich ihre Fühler sind fast immer in Bewegung. Begegnet ihnen etwas, was sich bewegt oder bewegt sich etwas neben ihnen, sei es nun eine Ameise oder ein Käfer, oder irgend ein anderer belebter oder lebloser Gegenstand, so gerathen sie sogleich selbst in Bewegung und betrillern den Gegenstand mit ihren Fühlern: dies ist ihr erstes Schutzmittel gegen allenfalsige Angriffe. Zweckmässig ist dasselbe natürlich nur dann, wenn der *Atemeles* es mit einer Ameise zu thun hat; denn nur diese könnte durch Fühlerbewegungen sich beschwichtigen lassen. Greift z. B. eine gereizte Ameise mit geöffneten Kiefern einen *Atemeles* an [1]), so sucht derselbe meist nicht zu entfliehen, sondern bleibt stehen mit gespreizten Beinen, und trillert mit seinen Fühlern auf die Angreiferin, rollt den Hinterleib möglichst hoch auf, um die gelben Haarbüschel zu decken, und setzt wohl auch seinen ganzen Körper in zitternde Bewegung [2]). Hilft dieses Beschwichtigungs-

---

[1]) Bei den Versuchen über die „internationalen Beziehungen" der Ameisengäste konnte ich derartige Feindseligkeiten häufig beobachten.

[2]) Ich halte das Zittern der *Atemeles* nicht mehr wie früher (*Deutsch. Ent. Zeitschr.* 1886, S. 64) für ein Zeichen der Behaglichkeit, sondern der Erregung; ursprünglich scheint der Zweck desselben die Abwehr allzu unsanft leckender Ameisen zu sein.

mittel nicht, so richtet er die Spitze seines aufgekrümmten Hinterleibes gegen den Feind, wobei aus demselben eine Geruchssalve erfolgt. Dies ist die einzige und stets sich wiederholende Taktik der *Atemeles*; selbst wenn ich einen derselben an einem Beine zwischen den Fingern festhielt, nahm er zu ihr seine Zuflucht, und es war höchst possierlich anzusehen, wie flehentlich der kleine Käfer mit seinen Fühlern auf die ihn fesselnden Finger trillerte und aus dem aufgekrümmten Hinterleibe zugleich seine Salve gab. Letztere sollte zur Abwehr, erstere zur Beschwichtigung der feindlichen Ameise dienen. Wie zartfühlend die *Atemeles* für äussere Eindrücke sind, geht aus folgender Wahrnehmung hervor. Wenn ich an einem warmen Tage nur leise den Glasdeckel eines Gläschens lüftete, in dem eine Anzahl dieser Käfer bei *Myrmica* sassen, begann zuerst ein leises Zittern sämmtlicher *Atemeles*-Fühler; dann folgte ein lebhafteres Fühlerwedeln, zitternde Bewegungen des ganzen Körpers, und schliesslich ein allgemeines Umherlaufen; stiess dabei ein *Atemeles* an einen Nachbar, so wurde das Trillern der Fühler noch stärker und das Zittern verwandelte sich in heftigere, zuckende Bewegungen.

2. Sitzen die *Atemeles* ruhig da, so tragen sie den Hinterleib stets mässig aufgerollt; die glänzende Unterseite desselben gleicht täuschend dem Hinterleibe einer *Myrmica*-Königin. Dies ist namentlich bei *paradoxus* der Fall, dessen Hinterleib verhältnissmässig grösser und dicker und in der Ruhelage meist so weit aufgerollt ist, dass von der Oberseite des Käfers nur Kopf und Halsschild sichtbar sind. In ausgestreckter Stellung sieht man den Hinterleib der *Atemeles* nur selten und vorübergehend, nämlich wenn sie denselben mit ihren Hinterbeinen putzen oder wenn sie ihn zur Vertheidigung gegen Angreifer auf- und abkrümmen, oder wenn sie durch lebhaftes Hin- und Her-, Auf- und Abbewegen desselben ihre Flügel zu entfalten suchen. Flugversuche habe ich öfters beobachtet, ein wirkliches Auffliegen noch nicht.

3. Obgleich das unter 1 Gesagte auch für *paradoxus* gilt, so gilt es doch für *emarginatus* insofern in höherem Grade, als letzterer in seinem ganzen Wesen noch etwas unruhiger und beweglicher

ist als ersterer; hiemit hängen auch einige später zu erwähnende
Unterschiede in ihren gastlichen Beziehungen zusammen.

4. Die possierliche Art und Weise, wie *At. emarginatus* seine
«Toilette» macht, d. h. sich putzt, habe ich früher (*Deutsch.
Ent. Zeitschr.* 1886, 1 Hft, S. 54) näher beschrieben; da für
paradoxus ganz dasselbe gilt, verweise ich auf jene Beschreibung.

9. Gastverhältniss.

Die gastlichen Beziehungen der *Atemeles* zu den *Myrmica* sind
das Interessanteste in ihrer Lebensweise und desshalb war meine
Aufmerksamkeit namentlich auf die Erforschung dieser Verhältnisse
gerichtet. Da die Menge des einzelnen Beobachtungsmaterials zu
umfangreich ist [1]), fasse ich das übereinstimmende Ergebniss
desselben kurz in folgende Punkte zusammen:

1. *Atemeles emarginatus* und *paradoxus* suchen im Neste die
Gesellschaft der *Myrmica* auf und sitzen mit besonderer Vorliebe
mitten unter den Ameisen, namentlich bei den Larven derselben.

2. *At. emarginatus* und *paradoxus* werden oft von den
Myrmica gefüttert, *paradoxus* verhältnissmässig etwas häufiger als
emarginatus. Um die Ameise zur Fütterung anzuregen, trillert
der Käfer von vorne mit lebhaften, schnellen Fühlerschlägen auf

13
Beginn der Fütterung von Atemeles emarginatus
durch Myrmica scabrinodis (stark vergrössert).

Kopf und Rücken der Ameise und beleckt zudringlich ihre Mundgegend. Die Ameise füttert den *Atemeles* wie sie ihresgleichen
füttern würde, indem sie mit zurückgelegten Fühlern den Kopf

---

1) Dasselbe umfasst bereits mehrere Notizbücher, in denen ich seit mehreren
Jahren die laufenden Beobachtungen stenographisch aufzeichne. Die Beobachtungen über Fütterung und Beleckung wurden meist mit der Lupe angestellt,
namentlich um die Bewegungen der Mundtheile deutlicher verfolgen zu können.

erhebt und auf ihre vorgestreckte Unterlippe einen Tropfen treten lässt, den der Käfer dann gierig ableckt. Beim Beginne meistens, manchmal auch noch während der Fütterung streichelt der Käfer mit sehr lebhaften und schnellen Bewegungen der Vorderfüsse die Kopfseiten der Ameise; zum Schlusse beleckt er meist abermals ihre Mundgegend. Eine Fütterung dauert durchschnittlich 20 bis 40 Secunden, manchmal auch 2 bis 3 Minuten, entweder ununterbrochen oder mit kleinen Unterbrechungen, in denen der Käfer seine Zudringlichkeiten erneuert. Manchmal sitzen auch mehrere Käfer um eine Ameise herum und jeder sucht seinen Mund möglichst nahe an jenen der Ameise zu bringen und seinen Nachbar zu verdrängen. Bei solchen Gelegenheiten füttert dieselbe Ameise manchmal mehrere Käfer hintereinander.

3. Die *Atemeles* füttern sich manchmal auch gegenseitig. Zwischen *emarginatus* und *emarginatus* habe ich dies oft beobachtet (vgl. bereits *Deutsch. Ent. Zeitschr.* 1886, 1 Hft, S. 53), seltener zwischen *paradoxus* und *paradoxus* oder *paradoxus* und *emarginatus* [1]). Die Fütterung erfolgte gerade sowie zwischen einer Ameise und einem *Atemeles*, selbst das Streicheln der Kopfseiten nicht ausgenommen, nur darin unterscheidet sie sich, dass der fütternde Käfer seine Fühler nicht ruhig zurücklegt, sondern dieselben unter lebhaften Bewegungen mit den Fühlern des anderen Käfers kreuzt.

4. Viel häufiger als die wirkliche Fütterung eines *Atemeles* durch *Myrmica* oder der *Atemeles* untereinander beobachtete ich die Aufforderung zur Fütterung, wie sie oben beschrieben wurde (n°. 2 am Anfang). Sie geschieht einem anderen *Atemeles* gegenüber gerade so wie einer *Myrmica* gegenüber, nur nicht so häufig.

5. Manchmal wird sogar eine *Myrmica* von einem *Atemeles* gefüttert. Diesen merkwürdigen Fall habe ich nur einmal, jedoch mit hinreichender Sicherheit beobachtet (25 Sept. 1886, 8¼ Uhr morgens). Eine *M. ruginodis* näherte sich einem

---

[1] Vorzüglich desshalb, weil ich *paradoxus* nicht in so grosser Zahl hielt wie *emarginatus*.

dicken *At. paradoxus*, betastete ihn erst mit den Fühlern und trillerte dann mit denselben auf seinen Kopf, beleckte seinen Mund und streichelte mit den Vorderfüssen lebhaft die Kopfseiten des Käfers, während der Käfer sein Köpfchen erhob und seine vorgestreckte Unterlippe durch die Ameise ablecken liess. Die Fütterung erfolgte somit gerade so wie wenn *Myrmica* eine andere *Myrmica* oder einen *Atemeles* füttert, nur mit dem schon oben erwähnten Unterschiede (bei n°. 3), dass der fütternde *Atemeles* die Fühler lebhafter bewegt.

6. Sowohl *emarginatus* als *paradoxus* können übrigens auch selbst Nahrung zu sich nehmen. Beide sah ich wiederholt an verdünntem Honig, Zuckerwasser und kleinen Zuckerkörnchen lecken; beide fressen auch Ameisenpuppen (vgl. Kap. 6, ad 1); einen *emarginatus* sah ich an einer Mücke fressen, die ich den *Myrmica* vorgeworfen hatte; einen *paradoxus* sah ich sogar einem frisch verstorbenen *emarginatus* ein Loch in den Leib fressen; mehrere *emarginatus* sah ich einmal (bei *M. ruginodis*) um den losgetrennten Hinterleib einer todten *F. sanguinea* sich drängen (wie um den Kopf einer fütternden Ameise) und an einer Wunde lecken; einen *emarginatus* (bei *F. sanguinea*) sah ich mit mehreren *Dinarda dentata* an einer todten *F. rufibarbis* beschäftigt.

Ich sah die *Atemeles* selbst Nahrung zu sich nehmen auch zu Zeiten, wo sie häufig von den Ameisen gefüttert werden; es handelt sich also nicht um einen nothgedrungenen Ausnahmsfall.

Trotzdem ist das **Gedeihen der *Atemeles* von der Fütterung durch die Ameisen abhängig.** Allein gehaltene *Atemeles* gingen in kurzer Zeit zu Grunde, obgleich feuchte Erde, Zucker und weiche Insectenreste ihnen zu Gebote standen. Manchmal lebten die isolirten *Atemeles* nur 4 oder 5 Tage, manchmal auch 12 bis 14 Tage, wurden aber zusehends magerer. Dasselbe Resultat ergab sich auch bei jenen Versuchen über die internationalen Beziehungen der *Atemeles*, bei denen die Käfer nicht misshandelt, aber auch nicht gastlich behandelt wurden (z. B. bei *Leptothorax acervorum* und *tuberum*).

7. *At. emarginatus* und *paradoxus* **werden von den** *Myrmica*

sehr oft eifrig und anhaltend beleckt (mit geschlossenen Kiefern und vorgestreckter Zunge), vorzüglich auf der Oberfläche, an den Seiten und an der Spitze des Hinterleibes, **namentlich an den gelben Haarbüscheln desselben**. Die Ameise hält dabei oft mit einem, seltener mit beiden Vorderbeinen den Hinterleib des Käfers fest. Die Beleckung eines *Atemeles* dauert meist 20—60 Secunden, manchmal aber auch 2 bis 4 Minuten ununterbrochen. Meist erfolgt die Beleckung ziemlich sanft, obgleich mit sichtlicher Naschhaftigkeit; bei *paradoxus* erfolgt sie eher noch sanfter, aber zugleich eifriger und anhaltender als bei *emarginatus*. Der *Atemeles* trillert meist mit zurückgebogenem Kopfe und aufgerichtetem Vorderkörper auf die beleckende Ameise.

Bei *emarginatus* beobachtete ich manchmal, dass eine *Myrmica* die Beleckung damit begann, dass sie den Käfer mit ihren Kiefern einigemal heftig an den gelben Haarbüscheln zerrte, worauf der Käfer seinen Körper in rasche zitternde Bewegung versetzte und mit den Fühlern heftiger auf die Ameise trillerte. Die übrige Beleckung geschah ziemlich sanft wie gewöhnlich; so oft jedoch die Ameise bei derselben wiederum die gelben Haarbüschel berührte, wiederholte sich das Zittern und heftige Trillern. Das Zerren der Ameise dient wahrscheinlich zur reichlicheren Absonderung des angenehmen Secretes, das Trillern und Zittern des Käfers dagegen zur Besänftigung der allzu heftig zerrenden Ameise. Bei Beleckung von *paradoxus* habe ich ein so heftiges Zerren durch die Ameise noch nicht beobachtet; andererseits verhielt er sich auch dabei ruhiger als *emarginatus*, trillerte nicht so heftig und zitterte höchstens leise. Wahrscheinlich vermag *paradoxus* die Ansprüche der leckenden Ameise, wegen seines dickeren Hinterleibes, leichter und reichlicher zu befriedigen als *emarginatus*.

8. Nicht bloss die Arbeiter, sondern auch die Männchen von *Myrmica* (wenn solche, was sehr selten ist, mit *Atemeles* in demselben Neste vorkommen [1]), belecken die *Atemeles* mit sichtlichem

---
1) Vgl. Kap. 6, ad 2 n°. 2. — September 1886 und 1887 fand ich in wenigen (zwei) Nestern von *scabrinodis* 2 oder 3 Männchen bei einigen (2—4) *Atemeles emarginatus*. Auf den an diesen Kolonien angestellten Beobachtungen beruht obige Angabe.

Behagen. Daraus, dass die an keiner Arbeit sich betheiligenden Männchen mit Beleckung der Gäste sich abgeben, kann man schliessen, dass dieselbe einen « Leckerbissen » für die Ameisen biete.

9. Von der unter 7 und 8 erwähnten naschenden Beleckung ist eine andere oberflächlichere, putzende Beleckung zu unterscheiden, die manchmal einem mitten unter den *Myrmica* sitzenden *Atemeles*, vorzüglich *paradoxus*, zu Theil wird. Diese Beleckung entspricht der Putzung befreundeter Ameisen. Von der naschenden Beleckung unterscheidet sie sich dadurch, dass sie auch auf die Fühler und Beine des Käfers sich erstreckt, von der Ameise mit grösserer Ruhe und Gleichgültigkeit vorgenommen, und von den *Atemeles* gleichfalls ruhiger aufgenommen wird; so ruhig wie eine Ameise während der Waschung sich zu verhalten pflegt, vermag ein *Atemeles* sich allerdings nicht zu verhalten. Es ist übrigens zu bemerken, dass diese Putzung von der naschenden Beleckung thatsächlich nicht so strenge geschieden ist; häufig beginnt eine *Myrmica* einen vor oder unter ihr sitzenden *Atemeles* zu putzen, z. B. auf dem Thorax; so bald sie aber auf die Flügeldecken kommt, wird die Beleckung schon eifriger, bis sie endlich, beim Hinterleibe angekommen, in die eigentlich naschende übergeht, wobei auch der Käfer erregter wird.

Manchmal putzt auch ein *Atemeles* eine vor ihm sitzende *Myrmica* oder einen anderen *Atemeles* oberflächlich mit den Mundtheilen, jedoch unsteter und vorübergehender als eine *Myrmica* es thun würde.

10. Die *Atemeles* benehmen sich den Ameisen gegenüber durchschnittlich viel zudringlicher als diese ihnen gegenüber. Wie die zu derselben Kolonie gehörigen Ameisen untereinander gewöhnlich indifferent sich verhalten und bei Begegnung sich nur kurz mit den Fühlern berühren, so benehmen sie sich m e i s t auch den *Atemeles* gegenüber, während diese den Ameisen gegenüber einen lebhafteren Fühlerverkehr unterhalten. Trotzdem habe ich in manchen Nestern die Fütterung und Beleckung der *Atemeles* s e h r h ä u f i g beobachtet, erstere namentlich in den Morgen- und Abendstunden, letztere ebenso häufig auch während des Tages; besonders im April und September konnte ich in manchen Nestern

fast jedesmal, so oft ich nur hineinsah, eine Beleckung beobachten.

11. Die gastliche Behandlung der *Atemeles* ist nicht davon abhängig, ob Eier oder Larven im Neste sich befinden. Die *Myrmica* duldeten die *Atemeles* mitten unter den aufgeschichteten Larven oder Eiern; auf die Häufigkeit der Beleckung der *Atemeles* scheint die Anwesenheit von Larven eher fördernd zu wirken. In welchem Verhältnisse die Anwesenheit von Puppen zur gastlichen Behandlung der *Atemeles* steht, lässt sich desshalb schwieriger feststellen, weil höchstens wenige Puppen zugleich mit *Atemeles* in den *Myrmica*-Kolonien vorkommen. Diese wurden von den Ameisen den *Atemeles* nicht entzogen, und ihre Anwesenheit schien die gastlichen Beziehungen nicht zu stören. Da die betreffenden Puppen fast immer Arbeitern angehörten, gab ich aus fremden *Myrmica*-Nestern Puppen von Männchen und Weibchen hinzu; dieselben wurden aber von den *Myrmica* nicht adoptirt, sondern den *Atemeles* überlassen. Ich konnte desshalb bisher noch nicht durch unmittelbare Beobachtung feststellen, ob die gastliche Behandlung der *Atemeles* durch die Anwesenheit von Puppen der geflügelten Geschlechter direct gestört werde. Eine derartige indirecte Beziehung ist schon im 6. Kapitel nachgewiesen worden. Es bleibt jedoch noch fraglich, ob das Aufhören der gastlichen Beziehungen zu jener Zeit, wo *Myrmica* Puppen von ♂ und ♀ erhält, gegenwärtig seine nächste Ursache im Benehmen der Ameisen oder der Käfer habe. Nach meinen bisherigen Beobachtungen ist mir die letztere Annahme wahrscheinlicher. Die *Atemeles* suchen, wie schon oben (Kap. 6) bemerkt, nach der Paarung die *Myrmica*-Nester zu verlassen und zeigen dabei grosse Unruhe, magern ab, suchen nicht mehr wie früher durch zweckmässige Fühlerbewegungen mit den Ameisen zu verkehren. Diese finden an den *Atemeles* nichts mehr zu belecken, werden durch die Unruhe derselben gereizt, greifen sie feindlich an, zerren sie umher oder halten sie oft auch stundenlang an einem Fühler oder Beine unbeweglich fest.

Andererseits habe ich auch vereinzelte Fälle beobachtet, in denen die *Myrmica* selbst die gastliche Behandlung der *Atemeles* unterbrachen und dieselben nicht mehr duldeten, und zwar anscheinend wegen der ihrer Brut drohenden Gefahr. Bei einer sehr kleinen *scabrinodis*-Abtheilung (circa 15 ☿ und 2 ♀), die eine Anzahl mittelgrosser Larven hatte, hielt ich 2 *emarginatus* und 2 *paradoxus*, die ich kurz vorher (22 September 1887) in derselben Kolonie gefunden. Nach einigen Tagen bemerkte ich, dass die beiden *paradoxus* öfters von den *Myrmica* aus der Nähe der Larven fortgezerrt wurden; sie kehrten stets wieder zu denselben zurück, wurden immer häufiger und heftiger von denselben fortgezerrt, bis sie schliesslich die Lust zur Rückkehr verloren und das Nest zu verlassen suchten. Ich setzte sie darauf zu fremden *ruginodis* (die einen *paradoxus* im Neste gehabt hatten), bei denen sie nach anfänglichen Feindseligkeiten aufgenommen und andauernd gastlich behandelt wurden, obgleich auch diese *Myrmica* einige Larven hatten. Unterdessen wurden die beiden *emarginatus* von den *scabrinodis* noch ruhig geduldet und gastlich behandelt. Diese merkwürdige Erscheinung erkläre ich mir daraus, dass die beiden grossen *paradoxus* wegen der geringen Zahl der Ameisen von diesen nicht hinreichend gefüttert wurden und desshalb an den Larven zu fressen versuchten; die kleineren *emarginatus* hatten geringere Bedürfnisse und vergriffen sich desshalb nicht an den Larven.

12. Dass die *Myrmica* manchmal einen zu ihrem Neste gehörigen *Atemeles*, wenn sie denselben im Nesteingange oder vor dem Neste finden, an einem Fühler oder Beine ergreifen und mit sich in das Nestinnere ziehen, habe ich oft beobachtet. Dessgleichen führen die *Myrmica* manchmal beim Nestwechsel einen *Atemeles* mit sich (vgl. *Deutsch. Ent. Zeitschr.* 1887, S. 110). Ich konnte solche Transporte am leichtesten dadurch hervorrufen, dass ich ein auf der Oberseite eines flachen Glasnestes (nach der dritten oder vierten in n°. I, S. 12 beschriebenen Methode) liegendes Brettchen verschob. Bald begannen einzelne *Myrmica* ihre Larven aus dem erhellten Nesttheil in den dunklen zu tragen; eine andere ergriff einen *Atemeles*, der nicht wie die meisten übrigen von selbst mit den Ameisen in den dunklen Nesttheil lief, an den gelben Haarbüscheln, Fühlern oder Beinen, und zog ihn desselben Weges, während eine andere die

Königin an den Kiefern, an den Fühlern oder selbst am Hinterleibsstielchen packte und sie mit sich zerrte. Manchmal zogen zwei *Myrmica* in entgegengesetzter Richtung an einem *Atemeles*, ähnlich wie ich bei derselben Gelegenheit öfters zwei *Myrmica* an einer Larve ziehen sah.

Solche Escorten machen manchmal auf den ersten Anblick den Eindruck eines feindlichen Verfahrens, weil der *Atemeles* sich höchst wiederstrebend zeigt, mit zurückgebogenem Kopfe auf die Ameise trillert und mit gespreizten Beinen stramspelt [1]). Aus den begleitenden Umständen kann man jedoch den Zweck des Transportes meist unterscheiden; im Allgemeinen kann man sagen, wenn derselbe in das Nestinnere gerichtet ist und die *Atemeles* in der betreffenden *Myrmica*-Kolonie im Uebrigen gastlich behandelt werden, ist auch die Bedeutung dieses Manövers eine friedliche [2]).

Obgleich die *Atemeles* manchmal von den *Myrmica* umherge-

---

1) Der *Atemeles* hält sich nur dann ruhig, wenn es der *Myrmica* gelingt, ihn (an den gelben Haarbüscheln) emporzuheben, so dass seine Beine nicht mehr den Boden berühren; *F. fusca* kann wegen ihrer bedeutenderen Grösse die *Atemeles* leichter auf diese Weise transportiren. Man vergleiche die in den historischen Vorbemerkungen (n°. 1, S. 5 u. 6) erwähnten Beobachtungen von Fred. Smith und Edw. Janson.

2) Die *Atemeles* werden manchmal in und ausser dem Neste sehr verschieden behandelt, wie aus folgendem Falle erhellt, der zugleich zeigt, wie nöthig es ist, bei derartigen Beobachtungen die Methode öfter zu wechseln und namentlich negative Resultate nicht voreilig zu verallgemeinern. September 1887 hatte ich in ein kleines Beobachtungsgläschen eine Anzahl *M. scabrinodis* mit 2 *emarginatus* und 3 *paradoxus* (aus derselben Kolonie!) gesetzt. Die *Myrmica* richteten sich alsbald in der Erde am Boden des Gläschens ein, die *Atemeles* aber blieben, vielleicht weil die von den *Myrmica* gemachten Löcher für sie zu klein waren, auf der Oberfläche sitzen. Nun kam es häufig vor, dass eine *Myrmica* einem dieser *Atemeles* sich näherte, mit kneipenden Bewegungen der Kiefer an seinen aufgerollten Hinterleib stiess, denselben von der Seite zu fassen suchte, an einem Fühler oder Beine des Käfers zog; manchmal krümmte sie dabei sogar den Hinterleib ein und schien das erfasste Glied mit ihrem Stachel zu bearbeiten. Hie und da gelang es, einen *Atemeles* in die Nähe eines Nestloches zu ziehen; bei *paradoxus* waren die Versuche jedoch mehrmals ganz vergeblich, da der Käfer stärker war als die Ameise und mit hochaufgerolltem Hinterleib und trillerenden Fühlern fest auf seinem Platze verharrte. Sobald ich jedoch die kleine Kolonie in ein weiteres, flaches Glasnest (nach der vierten Methode) versetzt hatte, änderte sich die Scene. Die *Atemeles* sassen jetzt immer bei den *Myrmica* und deren Larven, wurden häufig beleckt und überhaupt gastlich behandelt.

zogen werden, finden sich doch nur selten Individuen mit verletzten Fühlern oder Beinen (kaum 3 bis 4 unter 100), während bei *Lomechusa strumosa* solche Verletzungen viel häufiger vorkommen (z. B. unter 8 nur 3 unverletzte). Dies erklärt sich daraus, dass die *Atemeles* eine grössere Beweglichkeit besitzen und desshalb seltener von den Ameisen gezogen werden als die plumpen *Lomechusa*; ferner aus der geringeren Hartnäckigkeit, womit sie sich den ziehenden *Myrmica* entgegenstemmen; endlich aus der geringeren Kraft des Zuges und des Widerstandes als bei *F. sanguinea* und *L. strumosa* (starke Schenkel und Schienen!).

13. Ueber die Behandlungsweise der *Atemeles* durch *Myrmica* ist noch zu bemerken, dass niemals ein *Atemeles* von *Myrmica* aufgefressen wurde, selbst nicht einmal angefressen nach dessen Tode (anders bei *F. fusca, sanguinea, rufa, Lasius niger*, etc.!); die todten *Atemeles* wurden vielmehr behandelt wie todte ☿ oder alte ♀ von *Myrmica*. Dies gilt nicht bloss für die eigenen, sondern auch für die fremden *Atemeles*, nicht bloss für die freundschaftlich behandelten, sondern auch für die feindlich misshandelten und getödteten; (aus den internationalen Beziehungen der *Myrmica*, besonders zu *M. lobicornis*). Es ist zu berücksichtigen, dass die *Myrmica* (namentlich *scabrinodis* und *lobicornis*) sogar ♂ und geflügelte ♀ von ihrer eigenen oder verwandten *Myrmica*-Arten fressen (manchmal sogar todte Individuen aus ihrer eigenen Kolonie, wie ich selbst beobachtete), und nur die ☿ und alten ♀ von *Myrmica*, mögen es nun Freunde oder Feinde sein, nicht anzufressen pflegen. Dass die *Atemeles* analog behandelt werden, ist um so merkwürdiger, da die Naschhaftigkeit der *Myrmica* im Ausfressen der *Atemeles* wahrscheinlich eine Befriedigung fände; denn andere Ameisen gehen von der Beleckung der *Atemeles* häufig zum Auffressen dieser Gäste über; (aus den internationalen Beziehungen der *Atemeles* zu *F. fusca*, etc.).

14. *Myrmica scabrinodis, ruginodis, rugulosa* b e h a n d e l n (füttern, belecken, etc.) i h r e e i g e n e n G ä s t e [1]) a u f d i e s e l b e W e i s e;

---

1) D. h. jede Kolonie die zu ihr gehörigen *Atemeles*, im Gegensatze zu den von fremden Kolonien oder fremden Arten kommenden.

ebenso behandeln *scabrinodis*, *ruginodis*, *rugulosa*, *laevinodis* auch die fremden *Atemeles*, nachdem dieselben bei ihnen aufgenommen sind. Hieraus folgt [1]), dass *laevinodis* auch ihre eigenen Gäste gerade so behandelt wie *scabrinodis*, *ruginodis*, *rugulosa*. — Im Uebrigen werde ich die internationalen Beziehungen der *Atemeles* später gesondert behandeln, um die Bedingungen für die Aufnahme fremder *Atemeles* etc. darzulegen.

15. Zwischen *At. emarginatus* und *paradoxus* machen die *Myrmica* keinen bedeutenden Unterschied. Obgleich *paradoxus* sich den *Myrmica* gegenüber etwas minder zudringlich benimmt, ist doch sein Gastverhältniss eher noch inniger als dasjenige von *emarginatus*; dies scheint aus seiner häufigeren Putzung, sanfteren Beleckung, öfteren Fütterung zu folgen (vgl. oben n°. 2, 5, 7, 9). Diese Unterschiede hängen mit der körperlichen Verschiedenheit beider Arten zusammen. Bei *emarginatus* sind die Fühler relativ etwas länger als bei *paradoxus*; bei letzterem ist dagegen der Hinterleib grösser und dicker, die ganze Gestalt grösser, stärker und untersetzter. *Paradoxus* scheint desshalb die Aufmerksamkeit der Ameisen ein wenig mehr auf sich zu ziehen und deren Bedürfnisse besser befriedigen zu können. Hiezu kommt vielleicht auch noch der Umstand, dass *paradoxus* in der Ruhelage noch eine etwas grössere Aehnlichkeit mit einer *Myrmica*-Königin besitzt (vgl. Kap. 8 n°. 2). Trotzdem kann unter besonderen Umständen *emarginatus* dem *paradoxus* vorgezogen werden (vgl. oben n°. 11).

10. Folgerungen aus Kapitel 8 und 9.

1. *At. emarginatus* und *paradoxus* haben in hohem Grade die Sitten der Ameisen angenommen.

Dies erhellt: a) Aus der Art und Weise, wie sie ihre Fühler als Verkehrsorgane mit den Ameisen und untereinander gebrauchen. — b) Aus der Art und Weise, wie *Atemeles* von *Myrmica* sich füttern lässt: die Nachahmung des Benehmens der Ameisen erstreckt sich bis auf die genauesten Einzelheiten, auf das

---

1) Hier habe ich bei *laevinodis* noch keine *Atemeles* gefunden; daher kenne ich aus directer Beobachtung nur ihr Verhalten zu fremden Individuen.

Anbetteln durch Fühlerschläge, Beleckung der Mundgegend, Streicheln der Kopfseiten. — *c*) Aus der gegenseitigen Fütterung der *Atemeles*, wobei dieselben sich wiederum ganz nach Ameisenart benehmen. — *d*) Daraus, dass manchmal sogar eine *Myrmica* von einem *Atemeles* sich füttern lässt, wobei letzterer wiederum die Rolle einer Ameise spielt. — *e*) Daraus, dass ein *Atemeles* manchmal eine *Myrmica* oder einen *Atemeles* nach Ameisenart putzt. — *f*) Endlich ist auch die Art und Weise wie *Atemeles* in der Ruhelage seinen Hinterleib trägt, eine objektive Nachahmung der Ameisengestalt [1]) für den Gesichtssinn und den Tastsinn der Ameisen; denn auch für letzteren Sinn erhält die kugelförmig gewölbte, spärlich abstehend behaarte Unterseite [2]) des *Atemeles*-Hinterleibes grosse Aehnlichkeit mit dem Hinterleibe einer *Myrmica*-Königin.

2. **Die *Atemeles* besitzen auch in ihrer Organisation manche auffallende Analogien mit ihren Wirthsameisen.**

Dieselben zeigen sich: *a*) Darin, dass die *Atemeles* einander (und andere Ameisen) zu füttern vermögen. Zum Zwecke dieser Fütterung besitzen die Ameisen ein elastisches Kröpfchen (im vorderen Theile des Hinterleibes), in dem sie die flüssige Nahrung aufbewahren und willkürlich wieder von sich geben können. Wahrscheinlich ist eine ähnliche Einrichtung auch im Verdauungskanale der *Atemeles* vorhanden. — *b*) Aus der Fähigkeit des Fühlerverkehrs, die eine besondere Beweglichkeit und Innervation der Fühler voraussetzt. — *c*) Aus der Identität des eigenartigen Geruches von *Atemeles* und *Myrmica* (Kap. 7). — *d*) Aus der von den übrigen Aleocharinen abweichenden Zungenbildung der *Atemeles* (und *Lomechusa*); die

---

1) Letzteres Moment ist den *Atemeles* und *Lomechusa* mit *Myrmedonia* gemein. Auch bei *Myrmedonia* hat die Nachahmung der Ameisengestalt eine biologische Bedeutung, jedoch, weil sie Ameisen-Feinde sind, eine andere als bei *Atemeles* und *Lomechusa*, wie ich später nachweisen werde. Ursprünglich ist das Aufrollen des Hinterleibes nur eine Schutzbewegung.

2) Bei *paradoxus* findet sich ausser der spärlichen abstehenden noch eine reichliche feine anliegende Behaarung der Unterseite des Hinterleibes. Vgl. *Deutsch. Ent. Zeitschr.* 1887, S. 99 etc. Die letztere mag wohl der Grund sein, weshalb *paradoxus* häufiger von *Myrmica* putzend beleckt wird.

auffallend breite und grosse Zunge ist zum Zwecke der activen und passiven Fütterung besonders geeignet (vgl. unterstehende Figuren).

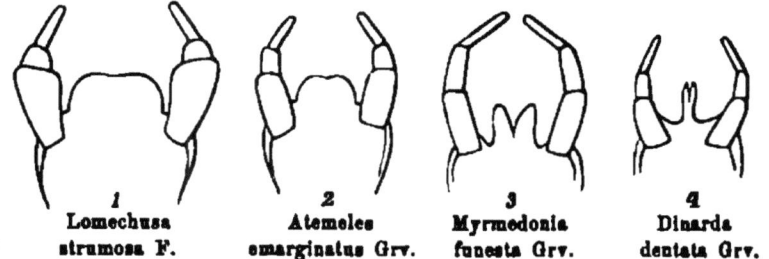

1	*2*	*3*	*4*
Lomechusa strumosa F.	Atemeles emarginatus Grv.	Myrmedonia funesta Grv.	Dinarda dentata Grv.

3. Die *Atemeles* werden desshalb von den *Myrmica* als ihresgleichen angesehen und behandelt.

Dies erhellt besonders: *a*) Daraus, dass die *Atemeles* häufig von den *Myrmica* gefüttert werden und zwar so wie eine befreundete Ameise gefüttert werden würde, nicht so wie die Ameisen ihre Larven füttern. (Wird eine Ameise gefüttert, so lässt die fütternde Ameise nur die Nahrung auf die Unterlippe treten und verhält sich im übrigen passiv; einer Larve dagegen wird die Nahrung von der fütternden Ameise activ beigebracht, d. h. mit sorgfältigen bedächtigen Kopfbewegungen gleichsam in den Mund geschoben. So füttert *F. sanguinea* ihre Gäste, *Lomechusa* und *Atemeles*!). — *b*) Daraus, dass manchmal sogar eine *Myrmica* einen *Atemeles* um Nahrung anbettelt und sich von ihm füttern lässt genau so wie sie sich einer befreundeten Ameise gegenüber benehmen würde (selbst die Streichelung der Kopfseiten nicht ausgenommen!). — *c*) Daraus, dass die *Myrmica* die todten *Atemeles* nicht auffressen, sondern dieselben wie die todten ☿ oder alten ♀ von *Myrmica* behandeln. — *d*) Endlich daraus, dass die *Atemeles* von den *Myrmica* nicht selten auch geputzt werden wie diese ihre Gefährtinnen zu putzen pflegen.

4. Die Initiative zum Gastverhältnisse geht von den *Atemeles* aus, indem diese die Gesellschaft der Ameisen aufsuchen und dieselben namentlich durch ihre Fühlerbewegungen zur gastlichen Behandlung anregen. — Dies ist zugleich das Grundgesetz für die internationalen Beziehungen der *Atemeles*.

IV.

LOMECHUSA STRUMOSA F. UND IHRE BEZIEHUNGEN ZU IHRER NORMALEN WIRTHSAMEISE.

1. Fundort.

Ihrer bedeutenderen Grösse entsprechend hat *L. strumosa* eine grössere Ameisenart als gewöhnliche Wirthsameise, nämlich *F. sanguinea* Latr. [1]). Obgleich in den gemischten Kolonien *sanguinea-fusca* (und *sanguinea-rufibarbis*) das Gastverhältniss der *Lomechusa* auch auf diese Hilfsameisen sich erstreckt, so ist sie doch auch in diesem Falle als der eigentliche Gast von *sanguinea* zu betrachten; denn sie pflegt in den selbständigen Kolonien von *fusca* und *rufibarbis* nicht vorzukommen.

Im nördlichen Theile von Holländisch Limburg (Blijenbeck bei Afferden) traf ich *Lomechusa strumosa* bei *F. sanguinea* im Mai und Juni nicht selten; in den meisten Nestern, die ich untersuchte, waren eines oder mehrere Exemplare. Hier, in der Umgegend von Roermond, ist sie viel seltener, vielleicht wegen der grösseren Trockenheit des Bodens, vielleicht auch desshalb, weil die Brut der *Lomechusa* durch die räuberische *Dinarda dentata* gefährdet wird, die hier in Menge die meisten *sanguinea*-Nester bewohnt. Während dreier Jahre untersuchte ich vergebens über 50 Kolonien jener Ameise im Umkreise von mehreren Stunden, grub und siebte die Nester gründlich aus, jedoch stets umsonst. Bereits wollte ich im verflossenen Jahre (1887) die Hoffnung auf Erfolg

---

1) Vgl. n°. II (Kritische Revision der Fundorte von *Atemeles* und *Lomechusa* bei Ameisen), S. 15. Dass die Angabe des älteren Sahlberg „bei *Form. rubra*" nicht auf *Myrmica* zu beziehen ist, wird auch dadurch bestätigt, dass sämmtliche *Lomechusa*, die ich versuchsweise zu den *Myrmica* setzte (auch zu solchen, die *Atemeles* im Neste hatten!), von diesen Ameisen wüthend angegriffen und so misshandelt wurden, dass ich sie nur durch schleunige Entfernung aus dem Neste retten konnte.

aufgeben, als ich endlich auf dem Terrain eines abgetriebenen Kiefernwaldes mehrere *Lomechusa*-haltige Nester entdeckte. Die folgenden Ziffern geben (mit Beifügung des Datums) die Zahl der *Lomechusa* an, die sich in den *sanguinea*-Kolonien [1]) auf dem letztgenannten Platze fand:

a) 4 . (1. 6. 87).
b) 2
c) 1 } (14. » »).
d) 1

e) { 5 . (15. 5. 88).
{ 2 . (17. » »).
f) { 4 . (17. » »).
{ 2 . (22. » »).

Die grösste Zahl der in einer Kolonie gleichzeitig oder nahezu gleichzeitig gefundenen Exemplare beträgt nur 7 (Kol. e). Fast alle *Lomechusa*, die ich bisher gefangen, befanden sich ziemlich tief im Nestinnern, gewöhlich unter den Knäueln der Ameisen und deren Larven, nur wenige in der Nähe der Erdoberfläche oder in dem aufgeschichteten losen Nestsmaterial [2]). Die betreffenden *sanguinea*-Nester waren theils an oder in alten Kiefernstrünken angelegt, theils (etwas seltener) blosse Erdnester [3]). Uebrigens scheint sich *Lomechusa* (nach meinen Beobachtungen in künstlichen Nestern) in den erstgenannten Wohnungen sicherer und freier bewegen zu können, da sie an schiefen Erdwänden beim Laufen viel leichter den Halt verliert und zurückrollt. Die Verschiedenheiten der Grösse und Individuenzahl der betreffenden *sanguinea* scheint keinen erheblichen Einfluss auf das Vorkommen der *Lomechusa* zu haben, da ich sie theils in schwächeren Kolonien von mittlerer oder ziemlich kleiner Rasse [4]), theils in stärkeren Kolonien von grösserer

---

1) Die Buchstaben *a*, *b*, etc. bezeichnen die verschiedenen Kolonien, nicht die verschiedenen Nester, da manchmal eine *sanguinea*-Kolonie mehrere benachbarte Nester besitzt.

2) Auch Märkel (II Verzeichn., n°. 82) fand *Lomechusa* im Nestinnern „mitten im grössten Ameisengewimmel". Motschulsky dagegen (*Bull. d. Mosc.* 1844, p. 816) berichtet, dass er die *L. sibirica* stets nur am Rande der Nester angetroffen habe; vielleicht hat er die Nester nicht tiefer untersucht, was bei *F. sanguinea* an heissen Tagen manchmal eine ziemlich saure und schmerzliche Arbeit ist.

3) In beiden Fällen ist das Nest von einem kleinen Haufen feinen Nestsmaterials (namentlich trockenen Haidekrautblättern, etc.) überragt.

4) Einige dieser Kolonien besassen eine grosse Anzahl Mittelformen von ♀ und ☿ (☿ mit hohem Buckel des Mittelrückens).

Rasse fing; auch die Körpergrösse der *Lomechusa*-Exemplare blieb dieselbe.

Die folgenden Mittheilungen gründen sich auf die neuen, im Juni 1887 und Mai bis Juli 1888 angestellten Beobachtungen [1]).

2. Paarung und Entwicklung.

Die Paarung von *Lomechusa strumosa* habe ich in meinen künstlichen *sanguinea*-Nestern im Mai und Juni oft beobachtet. Die Paarungsstellung ist ganz ähnlich derjenigen von *Atemeles* (vgl. n". III, Kap. 5, S. 34); ebenso auch die Dauer einer Paarung, die viel anhaltender ist als bei den *Dinarda* und *Thiasophila*. Sie währt mindestens ungefähr eine halbe Stunde. Ein und dasselbe Männchen von *Lomechusa* paarte sich mehrmals mit demselben oder auch mit verschiedenen Weibchen; letztere dessgleichen. Zwei *Lomechusa* (♂ und ♀), die ich Mitte Mai 1888 gefangen, paarten sich von Ende Mai an wiederholt, meist in Zwischenräumen von 4 bis 6 Tagen. Die letzte Paarung habe ich Ende Juni beobachtet. Am 14 Juli waren beide Exemplare noch frisch und munter, obgleich das Weibchen schon vor längerer Zeit (am 12 Juni) Eier gelegt hatte. Die *Lomechusa* können also noch ziemlich lange nach der Paarung bezw. Eierablage leben.

Der Paarungstrieb der *Lomechusa* ist stark. Einmal sah ich zwei Männchen zugleich die Paarung versuchen mit einem bereits in Copula befindlichen Weibchen. Am 6 Juni (1888) beobachtete ich, wie ein Männchen während einer halben Stunde fortwährende Paarungsversuche machte mit dem zerfressenen Ueberreste des Hinterleibes einer *Lucilia Caesar*; dasselbe Männchen versuchte

---

1) Vgl. hiezu die früher in der *Deutsch. Ent. Zeitschr.* 1886, 1 Hft, p. 55 sqq. mitgetheilten Beobachtungen. — Die bedeutungsvollen Unterschiede in der Fütterung von *Atemeles* und *Lomechusa* durch die Wirthsameisen waren mir damals grössentheils entgangen, da jene ersten Beobachtungen über *Atemeles* und *Lomechusa* nicht in dasselbe Jahr fielen und desshalb kein genauer Vergleich der beiderseitigen Beziehungen statt finden konnte. — Dass, wie ich früher beobachtete, eine *Lomechusa* aus ihrer Hinterleibsspitze ein Tröpfchen milchweissen Saftes von sich gab, welches von *sanguinea* aufgeleckt wurde, habe ich seither nicht wieder gesehen.

am 8 Juni die Paarung mit dem Kopfe einer von den Ameisen zerrissenen *Cantharis livida;* es war zu derselben Zeit ein Weibchen von *Lomechusa* im Neste. Auch Paarungsversuche der Männchen untereinander habe ich beobachtet.

Zur Zeit der Eierablage, die in den von mir beobachteten Fällen erst nach wiederholter Paarung begann, zeigt das Weibchen eine grosse Unruhe und Beweglichkeit, die mit der gewöhnlichen Behäbigkeit der *Lomechusa* um so mehr kontrastirt. Fortwährend mit den Fühlern auf den Boden trillernd und denselben mit dem Munde berührend läuft das Thierchen mit gesenktem Kopfe umher, bis es endlich an einer Stelle länger verweilt, mit den Kiefern den Sand aufgräbt und denselben dabei unter sich zwischen die Beine schiebt. Ist eine kleine Höhlung gemacht, so kehrt es sich um, legt ein Ei hinein und scharrt darauf die Oeffnung mit den Kiefern wieder zu. So muss wahrscheinlich der normale Process der Eierablage verlaufen. Bei meinen Beobachtungen kam es meist nur zum Aufgraben des Sandes, ohne das ein Ei in das Grübchen gelegt worden wäre. Einmal legte das Thierchen sein Ei neben die aufgegrabene Stelle, nahm es sodann zwischen die Kiefer, lief, emsig mit den Fühlern den Boden untersuchend, umher und verscharrte es endlich an einer anderen Stelle unter einem überragenden Erdklümpchen; dann lief es weiter, grub anderswo wiederum eine kleine Vertiefung, ohne jedoch ein Ei zu legen, und wiederholte noch mehrmals nacheinander dasselbe vergebliche Spiel [1]). Versuchte ein Männchen zu solcher Zeit die Paarung mit dem Weibchen, so wurde es heftig abgeschüttelt.

Das Ausschlüpfen von *Lomechusa*-Larven habe ich noch nicht bemerkt; vielleicht wurden die Eier von den zahlreichen räuberischen *Dinarda*-Larven (*D. dentata*) aufgefressen, die sich in dem betreffenden Neste umhertrieben. Dass die Larven der *Lomechusa* von *F. sanguinea* wie ihre eigenen Larven gepflegt

---

1) Aehnliche fruchtlose Versuche zur Eierablage habe ich auch bei dem „Eichenzweignäger" (*Rhynchites pubescens* F.) öfters beobachtet (vgl. *Der Trichterwickler, eine naturh. Stud.*, Anhang 1, S. 196).

werden, ist nicht nur nach J. Sahlberg's Mittheilungen sehr wahrscheinlich (vgl. I, Histor. Vorbem. S. 9), sondern wird auch durch folgende neue Beobachtungen bestätigt, die ich hier jedoch nur kurz erwähne, da sie vermuthlich auf die Larven von *Atemeles* sich beziehen [1]). Bei *F. rufibarbis* hatte ich Anfang Juni (1888) eine Anzahl blinder Käferlarven gefunden, die mit den von J. Sahlberg als *Lomechusa*-Larven beschriebenen völlig übereinstimmen und nur durch geringere Grösse sich unterscheiden. Einige derselben setzte ich (12 Juni) zu *F. sanguinea*, welche die Käferlarven sogleich aufnahm, zu ihren eigenen Larven trug, von allen Seiten beleckte, bei Erhellung des Nestes eilig fortschleppte und sie auch wie Ameisenlarven fütterte; mehrmals sah ich diese Adoptivlarven aber auch an todten Ameisenpuppen fressen, die aus den Cocons gezogen worden waren. Sie gediehen unter der Pflege von *F. sanguinea* gut, waren um mehrere Wochen früher ausgewachsen als jene, die ich bei *F. rufibarbis* hielt, und verschwanden sodann (circa 26 Juni); wahrscheinlich haben sie sich zur Verpuppung in die Erde vergraben [2]). Obgleich diese Larven wegen ihrer geringeren Grösse und ihres Fundortes (*F. rufibarbis*) vermuthlich *Atemeles emarginatus* oder *paradoxus* angehören, erlaubt ihre Behandlungsweise bei *F. sanguinea* dennoch einen zuverlässigen Analogieschluss auf das Adoptivverhältniss, in dem die Larven von *Lomechusa* zu dieser Ameise stehen.

3. Parasitische Beziehungen.

Lomechusa strumosa frisst oft an den Puppen und an den ausgewachsenen Larven der Ameisen. Letztere dulden dies nicht bloss bei Larven und Puppen fremder Kolonien, sondern auch bei den zu ihrer eigenen Kolonie gehörigen. Wiederholt sah ich, wie sie sogar ihre Puppen oder zur Verpuppung reife Larven (namentlich

---

1) Desshalb näheres darüber in einem späteren Nachtrage. Die Beziehungen der bei *F. rufibarbis* gefundenen Adoptivlarven zu *F. sanguinea* gehören eigentlich unter die „internationalen Beziehungen" der Ameisengäste.

2) Dass die Larven nicht getödtet wurden, ist sicher. Ihr plötzliches, fast gleichzeitiges Verschwinden gestattet nur obige Erklärung, da sie das Nest nicht verlassen konnten.

jene von ♂ und ♀) aus den Cocons hervorzogen, die *Lomechusa* an denselben fressen liessen und auch selbst an der Mahlzeit sich betheiligten. In einigen Fällen wurden, nachdem ich *Lomechusa* in das Nest gesetzt, die bisher sorgfältig gepflegten grossen Larven offenbar vernachlässigt; es schien, als ob die *sanguinea* die Gäste ihrer eigenen Brut vorzögen und dieselbe ihnen preisgäben; in anderen Fällen wurde jedoch die Pflege der Larven fortgesetzt wie bisher, namentlich wenn letztere ziemlich zahlreich waren.

Lomechusa frisst übrigens, wie ich öfters beobachtete, auch an anderen Insectenleichen im Neste, z. B. an von den Ameisen zerrissenen Schmeissfliegen etc.

Da *Lomechusa* ziemlich selten und ihre Zahl in den einzelnen *sanguinea*-Nestern verhältnissmässig gering ist; da ferner die Puppen dieser Ameise (mit seltenen Ausnahmen) durch Cocons geschützt sind; da endlich *Lomechusa* häufiger von den Ameisen gefüttert wird als die *Atemeles*, so erwächst aus diesem Schmarotzerthum wahrscheinlich kein erheblicher Nachtheil für die betreffenden Kolonien. Hieraus könnte sich theilweise erklären lassen, wesshalb *Lom. strumosa* bis in den Sommer hinein bei *F. sanguinea* sich finden und in deren Nestern auch ihre Entwicklung durchmachen darf. Man vergleiche hiemit die Aufenthaltszeit der *Atemeles* bei *Myrmica* (n°. III, Kap. 6, ad 4, S. 36 sqq.) und den Entwicklungsort der *Atemeles*-Larven; derselbe ist nicht in den Nestern der *Myrmica*, sondern bei *Formica*-Arten. (Näheres hierüber in dem Nachtrage).

Nach den im vorigen Kapitel mitgetheilten Beobachtungen über die muthmasslichen *Atemeles*-Larven ist es wahrscheinlich, dass auch die *Lomechusa*-Larven nebenbei Parasiten (im weiteren Sinne) sind. Am ehesten dürften sie den Eiern der Ameisen schädlich werden, da ich die erwähnten Käferlarven bei *F. rufibarbis* wiederholt mit Aussaugen der Eier beschäftigt sah.

4. Geruch der *Lomechusa*.

Derselbe ist von dem Geruch der *Atemeles* ganz verschieden, viel schwächer und nicht so eigenthümlich aromatisch; mir schien es, als ob der Geruch, den die *Lomechusa* bei Berührung mit dem

Finger von sich gaben, dem Geruche der Ameisensäure von *F. sanguinea* ähnlich sei.

5. Gastverhältniss.

1. *L. strumosa* sucht im Neste die Gesellschaft der Ameisen auf und sitzt namentlich gerne bei den aufgeschichteten Larven. Ihren Wirthen gegenüber benimmt sie sich nicht so zudringlich wie die *Atemeles*, besonders was den Fühlerverkehr anbelangt; dagegen beleckt sie nicht selten mit oberflächlich putzenden Mundbewegungen eine vor ihr sitzende Ameise. Trotz ihrer geringeren Zudringlichkeit scheint sie die Aufmerksamkeit der Wirthsameise in höherem Grade auf sich zu lenken als die *Atemeles* bei *Myrmica*.

2. *L. strumosa* wird von *F. sanguinea* oftmals gefüttert, verhältnissmässig häufiger als die *Atemeles* bei *Myrmica*. Die Fütterung ist (vgl. n°. III, Kap. 10 n°. 3, S. 58) vorzüglich dadurch ausgezeichnet, dass *L. strumosa* von *F. sanguinea* gefüttert wird wie eine Ameisenlarve, nicht wie eine Ameise. Der Vorgang ist gewöhnlich folgender: Mit einigen leisen Fühlerschlägen beleckt der Käfer die Mundgegend der Ameise; ist diese zur Fütterung geneigt, so lässt sie denselben seinen kleinen Kopf in ihren Mund stecken und während der Kopf des Käfers sich fast ganz ruhig verhält, giebt ihm die Ameise mit bedächtigen Hin- und Herbewegungen ihres Kopfes die Nahrung ein. Zum Schlusse belecken sich meist beide gegenseitig die Umgebung des Mundes [1]). Eine solche Fütterung dauert meist 20 bis 40 Secunden, manchmal auch 1 bis 2, sogar 3 bis 4 Minuten. Dass die *Lomechusa* beim Beginne der Fütterung die Kopfseiten der Ameise streichle (wie *Atemeles* bei *Myrmica* zu thun pflegt), habe ich nie beobachtet. Während der Fütterung selbst verhält sich der Käfer mehr passiv, die Ameise mehr activ,

---

1) Weder bei *Lomechusa* noch bei *Atemeles* folgt auf die Fütterung gewöhnlich eine Beleckung des Käfers durch die Ameise. Hiernach ist die poëtische Schilderung zu berichtigen, die Lespès (auf Grund einer einzigen Beobachtung) hievon giebt: „Le repas terminé, la Lomechuse, en animal bien appris, étendait l'abdomen pour rendre à sa bienfaitrice son bon procédé".

also umgekehrt wie es bei der Fütterung der *Atemeles* durch *Myrmica* der Fall ist.

Nur einmal (16 Juni 1887) sah ich, wie eine *Lomechusa* von einer grossen *F. sanguinea* nach Art einer Ameise gefüttert wurde. Jene *sanguinea* fütterte eben eine andere *sanguinea*; während die beiden Ameisen sich so gegenüberstanden, kam der Käfer hinzu, brachte mit aufgerichtetem Vorderkörper seinen Kopf an den Mund der fütternden Ameise, und diese liess, nachdem die andere Ameise sich entfernt hatte, das noch an ihrer Unterlippe hängende Tröpfchen durch den Käfer ablecken. Es ist jedoch zu bemerken, dass in diesem Falle die Fütterung der *Lomechusa* nur eine Fortsetzung der vorhergehenden Fütterung der Ameise war. Ferner gehörten die betreffenden *sanguinea* einer f r e m d e n Kolonie an, bei welcher ich (ebenso wie in der ganzen betreffenden Umgegend) noch keine *Lomechusa* gefunden hatte; dieselbe war erst seit einigen Stunden bei ihnen eingebürgert. Desshalb gehört diese Beobachtung eigentlich unter die « internationalen Beziehungen » der Ameisengäste; sie musste jedoch hier erwähnt werden, weil sie beweist, dass *F. sanguinea* ihren Gast a u s n a h m s w e i s e auch nach Art einer Ameise füttern könne; für g e w ö h n l i c h (mit Ausnahme jenes einzigen Falles) wurde *Lomechusa* auch bei f r e m d e n *sanguinea*-Kolonien nach Larvenart gefüttert.

3. *L. strumosa* w i r d s e h r h ä u f i g u n d a n h a l t e n d v o n *F. sanguinea* b e l e c k t (mit geschlossenen Kiefern und vorgestreckter Zunge), m a n c h m a l a u c h v o n *F. fusca* und *rufibarbis* (Hilfsameisen). Die Beleckung erstreckt sich vorzüglich auf den Hinterleib, auf dessen Oberseite und Spitze, namentlich auf die g e l b e n H a a r b ü s c h e l an den Seiten desselben: oft wird sie jedoch auch auf den ganzen übrigen Körper, selbst auf die Beine und Fühler ausgedehnt, obgleich nicht mit jener sichtlichen Naschhaftigkeit, die sich bei Beleckung des Hinterleibes zeigt. E i n solcher Process dauert gewöhnlich 40 bis 80 Secunden, seltener 2 bis 4 Minuten.

L. strumosa wird von *F. sanguinea* durchschnittlich häufiger beleckt als die *Atemeles* bei *Myrmica*. Nicht selten waren sogar mehrere gleichzeitig mit Beleckung einer *Lomechusa* beschäftigt. Hie und da endete die Beleckung mit einer Fütterung, wenn nämlich die beleckende Ameise am Munde des Käfers angelangt war, und dieser nun auch seinerseits die Mundgegend der Ameise zudringlich beleckte. Manchmal begann die Scene mit einer mehr gleichgültigen Putzung (wie die Ameisen ihre Gefährtinnen und Larven zu putzen pflegen) und ging dann allmählich, je nach der Reihenfolge der Körpertheile des Käfers, in die eigentlich naschende Beleckung über.

Die Beleckung erfolgt meist sanft, wenngleich mit sichtlichem Eifer und Behagen. Manchmal jedoch zerrt die Ameise heftig an den gelben Haarbüscheln, während sie dieselben durch ihre Kiefer zieht und den Hinterleib des Käfers mit ihren Vorderbeinen festhält; dann trillert die *Lomechusa* mit zurückgebogenem Kopfe auf die Ameise (öfters jedoch, ohne dieselbe mit den Fühlern zu erreichen), zittert wohl auch einigemal heftig, um die Ameise abzuschütteln, und rollt den Hinterleib nach Kräften auf. Während der gewöhnlichen sanften Beleckung bleibt der Käfer meist ganz ruhig und begleitet dieselbe höchstens mit einem leisen Fühlerwedeln; manchmal liess er sich sogar von einer *sanguinea* füttern, während er von einer oder zwei anderen beleckt wurde. Es ist komisch anzusehen, wie eine *sanguinea* hie und da einer laufenden *Lomechusa* folgt und sie während des Laufens am Hinterleibe beleckt. Possierlich ist es auch, wie manchmal eine kleine *F. fusca* (Hilfsameise) auf einer *Lomechusa* umhersteigt und den grossen Gast allseitig mit Emsigkeit beleckt, während dieser sich dadurch in seiner Ruhe gar nicht stören lässt.

Wie die *Lomechusa* manchmal eine Ameise mit oberflächlichen Mundbewegungen beleckt (vgl. oben n°. 1), so verfährt sie mitunter auch gegenüber anderen *Lomechusa*, gegenüber Ameisenpuppen und Larven, gegenüber den Resten todter Fliegen und anderen leblosen Gegenständen, z. B. Holzstückchen, als ob sie von denselben gefüttert werden wollte. Ich habe auch beobachtet, dass zwei *Lomechusa* sich gegenseitig die Mundgegend beleckten und die eine dabei mehrere Secunden lang ihren Mund in den der anderen steckte; ob es sich dabei um eine eigentliche Fütterung handelte, ist zweifelhaft.

4. *a.* Das gesammte Benehmen der *L. strumosa* ist linkisch und behäbig, von der Gelenkigkeit und Lebendigkeit der *Atemeles* auffallend verschieden. Beim Laufen stolpert sie häufig bei einer kleinen Unebenheit, verliert das Gleichgewicht, fällt auf den Rücken und hat Schwierigkeit, wieder auf die Beine zu kommen. Ihre Beine sind zwar stark entwickelt, jedoch nur die Schenkel und Schienen; die Tarsen sind im Vergleiche zu diesen klein und schwach. Die dicken Beine befähigen den Käfer, sich fest zu stützen und entgegenzustemmen, wenn er von einer Ameise gezerrt wird; zu leichtem und sicherem Gange sind sie weniger geeignet. Die Flügel von *L. strumosa* sind im Verhältniss zu ihrer Körpermasse kleiner als bei den *Atemeles*; bei einigen Individuen sind sie schwächer, bei anderen etwas stärker entwickelt; dass sie zum Fluge tauglich sind, ist mir (wenigstens für die hiesigen Individuen [1]) kaum wahrscheinlich. Ich sah auch nur sehr selten, dass eine *Lomechusa* den Versuch zur Entfaltung der Flügel machte; nur einmal unter diesen Fällen gelang es ihr, durch heftige und anhaltende Bewegungen der Hinterleibsspitze die Flügel völlig unter den Decken hervorzuschieben und zu entfalten; zum Auffliegen kam es nicht. Bei *Atemeles* sind Flugversuche weit häufiger zu beobachten. Auch Roger [2]), der bei Rauden die *Lomechusa* häufig fand, sah dieselbe niemals fliegen, wohl aber an warmen Tagen oft in den Nestern aus- und einspazieren. In meinen Nestern liefen oder sassen die *Lomechusa* bei heissem Wetter oft lange beim Nesteingange umher; wenn sie nicht entkommen konnten, kehrten sie schliesslich in das Innere zurück oder wurden von den Ameisen gewaltsam zurückgebracht.

b. Dem plumpen Benehmen der *Lomechusa* entspricht auch ihre Behandlungsweise durch die Ameisen. Sie wird von

---

1) Vgl. die Angabe des ältern Sahlberg „in volatu capta" (n°. II, Krit. Revis.) S. 17, Anm. 1.
2) Verz. d. i. Oberschles. aufgef. Käferarten (1857), p. 29.

den *sanguinea* nicht selten umhergezogen oder getragen. Gelingt es der Ameise, den Gast an einem Haarbüschel mit den Kiefern zu fassen und ihn emporzuheben, so lässt er sich von ihr ruhig und oft ganz unbeweglich tragen, wohin es dieser beliebt. Da die *Lomechusa* jedoch gewöhnlich den Hinterleib aufrollt, wenn die Ameise ihn zu fassen sucht, so ist diese oft genöthigt, den Käfer an den Beinen oder Fühlern zu ergreifen. Wird er an einem Beine dergestalt emporgehoben, dass er den Boden nicht mehr berührt, so lässt er sich meist gleichfalls ohne Wiederstreben tragen. So lange er jedoch noch einen festen Halt findet, stemmt er sich mit aller Kraft seiner starken Schenkel und Schienen gegen den Transport und trillert heftig mit den Fühlern. Aus dieser Unfügsamkeit der *Lomechusa* in Verbindung mit ihrer und der Ameise Körperkraft erklärt sich, wesshalb man häufig Exemplare mit einer oder mehreren fehlenden Tarsen, hie und da auch mit einer fehlenden Schiene oder nur mit fünf Beinen, nicht selten auch mit einem verletzten Fühler findet. Unter 8 Stück, die ich hier im Juni 1887 fing, waren nur 3 unverletzt. Schon Märkel bemerkte: « Merkwürdig ist es, dass man zuweilen Stücke findet, die an den Fühlern und Beinen mehr oder weniger verstümmelt sind. Sollten diese Verstümmelungen von den Ameisen herrühren? » [1]). Diese Erklärung ist um so wahrscheinlicher, da die von mir Mitte Mai 1885 und 1888 gefundenen Exemplare weniger Verletzungen zeigten als die erwähnten von Juni 1887. Unter den 13 Individuen von Mai 1888 waren 10 unverletzt. Eines von 5 der letzteren, die ich längere Zeit in meinen Nestern hielt, verlor (am 25 Juni) einen Fühler beim Transport durch eine *sanguinea*, die den Käfer vom Nesteingange zurückführen wollte. Das betreffende Individuum wurde fortan von den Ameisen gefüttert und beleckt wie bisher; die Verletzung war also sicher keine feindliche gewesen.

c. Es ist nicht immer so leicht zu entscheiden, ob das Umhertragen oder Umherzerren einer *Lomechusa* als ein Act der Fürsorge

---

1) Il Myrmecophilenverz., n°. 82 (*Germ. Zeitschr. für Ent.*, V, p. 232).

aufzufassen ist, welche die Ameisen für diesen Gast (ähnlich wie für ihre Larven und Königinnen) hegen, oder ob es vielmehr eine Aeusserung des Unwillens über das ungebahrliche Benehmen desselben bedeutet. Wenn, wie ich wiederholt beobachtet habe, die *sanguinea* bei plötzlicher Erhellung des Nestes eine *Lomechusa* mit sich in die dunklen Räume tragen oder ziehen, oder dieselbe vom Eingange in das Innere zurückbringen, so ist ohne Zweifel ersteres der Fall. Manchmal wird auch ohne sichtliche Veranlassung einer dieser Gäste in einer Weise umhergetragen, die nur eine friedliche Deutung zulässt. So sah ich einigemal, wie eine *sanguinea* sanft und eifrig den Hinterleib einer *Lomechusa* beleckte, dann den Käfer plötzlich an einem der gelben Haarbüschel emporhob und eine Strecke weit forttrug, hierauf ihn wiederum niedersetzte und abermals beleckte. Ein ähnliches, fast spielendes Verfahren der Ameisen mit ihren Gästen hat schon Müller bei *Lasius* gegenüber *Claviger* beobachtet [1]). Andererseits sah ich mehrmals, wie an der Arbeit befindliche *sanguinea* eine *Lomechusa* aus dem Wege schafften. Lief dieselbe stolpernd über oder zwischen ihnen hin und zerstörte dadurch die eben begonnenen Erdarbeiten wiederum, so ergriff manchmal eine der Arbeitenden den Käfer an einem Fühler oder Beine, führte ihn, rückwärts laufend, in einen anderen Nesttheil und kehrte dann unverzüglich zu ihrem Werke zurück. Auch diesem Transporte kann man noch keine feindselige Bedeutung beimessen, da die *sanguinea* mit ihren geflügelten Männchen und Weibchen nicht selten ebenso verfahren, wenn diese ihnen Störung bereiten; es ist dies eine Art Bevormundung, die den unbeholfenen Wesen durch ihre Pflegerinnen zu Theil wird. Minder friedlich dürften die folgenden Vorfälle zu deuten sein. In einem meiner Nester benahm sich eine *Lomechusa* andauernd sehr unruhig und störte dadurch die Ruhe der kleinen Kolonie. Hierauf wurde sie häufig von einer *sanguinea* aus den eigentlichen Nestkammern, wo die Ameisen mit ihren Larven und Puppen ver-

---

1) Beiträge zur Naturgesch. der Gattung *Claviger* (*Germ. Magaz. der Entom.* 1818, p. 106).

sammelt waren, hinausgezerrt. Einmal wurde dasselbe Individuum von einer *sanguinea* an einem Fühler unbeweglich festgehalten und trotz seines Strampelns längere Zeit nicht wieder losgelassen. Derselbe Störenfried ward ein anderes Mal von einer *sanguinea* an der Glaswand des Nestes hinaufgezogen, dort eine Zeit lang umhergetragen und schliesslich fallen gelassen; es schien, als ob die Ameise ihn hinausschaffen wollte. Dagegen sah ich eine andere *Lomechusa*, die sich ruhiger verhielt, zu derselben Zeit (16 Juni 1887) in demselben Neste mitten unter den Ameisen und deren Larven geduldet, häufig beleckt und gefüttert. Die ungastliche Behandlung einer *Lomechusa* ist übrigens nur eine seltene Ausnahme von der gewöhnlichen Regel friedlicher Gastfreundschaft.

5. Die Behandlung der todten *Lomechusa* bei *F. sanguinea* entspricht der Behandlung der todten *Atemeles* bei *Myrmica*. Nie wurde eine todte *Lomechusa* von meinen *sanguinea* angefressen, sondern zu den todten Gefährtinnen ausserhalb des eigentlichen Nestes getragen. Der Tod jener Individuen, die ich hiebei beobachten konnte, war ein sanfter. Das Thierchen setzte sich ruhig in einer Ecke und verharrte manchmal auch nach dem Tode in der natürlichen sitzenden Stellung; da der Hinterleib erst einige Tage nach dem Tode einschrumpft, musste ich mich durch Klopfen auf die Glaswand überzeugen, ob der Käfer noch lebe; denn manchmal sitzt auch eine ganz lebensfrische *Lomechusa* für einige Stunden abseits von den Ameisen in einem Winkel.

6. Ueber die «Toilette» der *Lomechusa strumosa*. d. h. über die Art, wie sie mit Hülfe ihres Mundes und ihrer Beine sich wäscht und putzt, habe ich den früheren Mittheilungen (*Deutsch. Entom. Zeitschr*. 1. Hft., p. 56, n°. 7) nichts beizufügen. Auch bei diesem Geschäfte geht sie langsamer zu Werke als die flinkeren *Atemeles*.

6. Folgerungen aus Kap. 5.

Lomechusa strumosa steht in noch innigerer Gastbeziehung zu *F. sanguinea* als *Atemeles emarginatus* und *paradoxus* zu *Myrmica*.

Die höhere Stufe des Gastverhältnisses von *L. strumosa* äussert sich namentlich in Folgendem:

1. Sie wird von ihren Wirthsameisen verhältnissmässig häufiger gefüttert und beleckt.

2. Sie wird von denselben wie deren Larven, nicht wie eine Ameise gefüttert.

3. Sie spielt in ihrem Verhältnisse zu den Wirthsameisen eine mehr passive Rolle und ist in grösserer Abhängigkeit von denselben.

4. Ihre psychischen und körperlichen Fähigkeiten scheinen zu Gunsten des Gastverhältnisses theilweise gleichsam degenerirt.

5. Ihr Verhältniss zu *F. sanguinea* ist enger begrenzt und fester begründet als dasjenige der *Atemeles* zu *Myrmica*.

6. Das Gastverhältniss von *L. strumosa* zu *F. sanguinea* erstreckt sich auch auf die Larven, das Gastverhältniss der *Atemeles* zu den *Myrmica* nur auf die Imago.

Zu n°. 3 bis 5 noch einige Erklärungen.

Ad 3. Während *Atemeles emarginatus* und *paradoxus* in ihrem Verkehre mit den Ameisen einen hohen Grad der Initiative zeigen und dementsprechend auch die Sitten ihrer Wirthe in überraschender Weise angenommen haben, ist dies bei *Lomechusa strumosa* nur in geringem Masse der Fall. Auch sie ahmt zwar in ihrem Fühlerverkehr und ihrer Aufforderung zur Fütterung einigermassen das Benehmen der Ameisen nach; aber diese Nachahmung ist beschränkter und unvollkommener als bei den *Atemeles* (man vergl. namentlich die Fütterung beider: n°. III, Kap. 9, S. 47, und oben Kap. 5, S. 65). Ihre grössere Abhängigkeit von den Wirthsameisen geht direct besonders daraus hervor, dass sie seltener selbstständig Nahrung zu sich nimmt und häufiger von ihnen umhergetragen oder gezogen wird. Indirect erhellt dieselbe Abhängigkeit vorzüglich aus dem Umstande, dass sie wegen ihrer grösserer Unbeholfenheit weniger als die *Atemeles* zu einem Leben ausserhalb der Nester ihrer Wirthsameise befähigt wäre. Immerhin spaziert auch *Lomechusa* manchmal aus einem Neste in das andere, nicht bloss von *sanguinea* zu *sanguinea*, sondern gelegentlich auch von *sanguinea* zu *rufa* oder *pratensis;* in letzterem Falle kehrt sie jedoch zu *sanguinea* zurück ¹).

Ad 4. Die psychischen Fähigkeiten von *L. strumosa* sind im Vergleich zu jenen der *Atemeles* insofern gewissermassen degenerirt, als sie unthätiger, unbeholfener, unselbstständiger und stupider (vgl. S. 68) sich erweist. Die körperliche Degeneration zu Gunsten des Gastverhältnisses äussert sich namentlich in der enormen Entwicklung des Hinterkörpers im Vergleich zum Vorderleib, und in der Schwäche der Tarsen im Vergleich zu den starken Schenkeln und Schienen (daher ihr plumper Gang); ferner in der geringeren Entwicklung der Flügel; endlich in der Reduktion der Lippentaster auf Kosten der stärker entwickelten Zunge (vgl. n°. III, Kap. 10, S. 58, fig. 1). Diese Einseitigkeiten der Körperbildung, die bei *L. strumosa* stärker hervortreten als bei den *Atemeles*, sind am besten aus der höheren Entwicklungsstufe des Gastverhältnisses begreiflich.

Ad. 5. Die *Atemeles emarginatus* und *paradoxus* haben einen weiteren Kreis normaler Wirthsameisen (*Myrmica scabrinodis, laevinodis, ruginodis, rugulosa*) als *Lomechusa strumosa*, deren normale Wirthsameise nur *Formica sanguinea* ist. Ferner finden sich jene *Atemeles* auch öfter bei fremden Ameisenarten ein als *L. strumosa*, haben also auch einen weiteren Kreis anormaler Wirthsameisen ²).

Ad. 6. Vgl. hierüber Kap. 2, S. 62 und den folgenden Nachtrag (V. 1).

SCHLUSSBEMERKUNG.

Später werde ich eine vergleichende Uebersicht über die Lebensweise sämmtlicher echter Ameisengäste (speciell für die

---

1) Ausser auf Roger's Wahrnehmungen, der *L. strumosa* bei *F. sanguinea* und *pratensis* fand und sie bei ersterer in den Nestern aus- und eingehen sah (Verz. der Oberschles. Käf., p. 29), stützt sich diese Angabe auch auf eigene Beobachtung (gelegentlich meiner Versuche über die internationalen Beziehungen der Ameisengäste); ich sah mehrmals wie eine *Lomechusa* von *F. sanguinea* in ein benachbartes *rufa*-Nest ging, und aus demselben nach kurzer Zeit wieder zu *sanguinea* zurückkehrte.

2) Vgl. n°. II (Kritische Revision der Fundorte der *Atemeles* und *Lomechusa* bei Ameisen), und oben, ad 3.

Coleopteren) zu geben versuchen, und die zwischen myrmecophilen Käfern und ihren Wirthsameisen obwaltende Aehnlichkeit in Grösse, Färbung und Gestalt einer eingehenden Prüfung unterziehen. Diese vergleichenden Studien werden auch dazu beitragen, ein tieferes Verständniss der Beziehungen von *Atemeles* und *Lomechusa* zu ihren Wirthsameisen zu erschliessen.

Mancher wird beim Studium der obigen Mittheilungen bemerkt haben, dass dieselben auch für die Abstammungslehre und für die vergleichende Psychologie vieles Interessante enthalten. Bevor jedoch die Wechselbeziehungen zwischen Ameisen und Käfern von den genannten philosophischen Gesichtspunkten aus mit Erfolg behandelt werden können, müssen die sogenannten internationalen Beziehungen der Ameisengäste gründlich erforscht werden. Die hierüber angestellten Versuche, mit denen ich schon seit mehreren Jahren beschäftigt bin, verbreiten wenigstens einiges Licht über die Gesetze, die jenen interessanten und höchst verwickelten Beziehungen zu Grunde liegen. Desshalb werde ich dieselben später eigens behandeln, woran sich die phylogenetischen und psychologischen Erörterungen naturgemäss anschliessen werden.

V.

Nachtrag.

1. Lebensweise und Entwicklung der *Atemeles*-Larven.

1. In den ersten Tagen des verflossenen Juni (1888) hatte ich eine Abtheilung einer Kolonie von *F. rufibarbis* mit nach Hause genommen, um dieselbe für Versuche über die internationalen Beziehungen von *L. strumosa* zu benützen. Zu meiner Ueber-

raschung bemerkte ich am 9 Juni, dass in dem Glase, welches diese *rufibarbis* beherbergte, auf den Eierklumpen der Ameisen zwei Larven von 4 mm. Länge lagen, die ich bisher für Ameisenlarven gehalten und desshalb übersehen hatte. Sie glichen letzteren in Farbe, Gestalt und Haltung täuschend; bei näherer Betrachtung verriethen jedoch die drei Paar Brustbeine und die spitzen Mandibeln ihre wahre Natur; von Augen war keine Spur vorhanden. Diese blinden Käferlarven waren gerade damit beschäftigt, ein Ei nach dem andern mit den Kiefern zu erfassen und mit langsamen Bewegungen derselben auszusaugen. Die umgehenden Ameisen sahen dieser Arbeit gleichgültig zu. Sobald ich das Glas bewegte, wurden die Adoptivlarven mit grösserer Eile ergriffen und fortgeschleppt als die eigenen (viel kleineren) Larven, die in jenem Neste sich befanden.

Am 12 Juni untersuchte ich nochmals das *rufibarbis*-Nest, dem ich jene Abtheilung entnommen hatte, sowie einige benachbarte Nester derselben Art, und fand noch eine ziemlich grosse Anzahl der fraglichen Käferlarven, in einem Neste sogar circa 20 Stück. Dieselben wurden von meinen *rufibarbis* sogleich aufgenommen und zu den Larven und Eiern getragen. Ihre Behandlungsweise entspricht völlig jener der eigenen Ameisenlarven. Sie werden umhergetragen, häufig beleckt und von allen Seiten geputzt; in den Fugen der Körperringe, wo sie (wegen der abstehenden Behaarung) von den Ameisen nicht so bequem beleckt werden konnten, wurden sie mit halbgeöffneten Kiefern gleichsam gebürstet. So lange sie noch nicht ausgewachsen sind, bleiben sie, wenn die Ameisen ihnen sorgfältige Pflege zuwenden, meist ruhig und unbeweglich liegen, wo sie von ihren Wärterinnen hingelegt werden; liegen sie bei den Eiern, so fressen sie an denselben wie oben beschrieben. Manchmal bewegen sie den Kopf suchend hin und her wie eine Ameisenlarve; dann nähert sich ihnen eine Ameise, beleckt sie, füttert sie auch manchmal gleich den eigenen Larven. Sind die Käferlarven schon nahezu erwachsen, so kriechen sie, besonders wenn sie (wegen der geringen Zahl der Ameisen) nicht sorgfältig gepflegt werden, häufig im Neste umher, nähern sich den aus den Cocons gezogenen Puppen und fressen an denselben. Oefters sah ich, wie eine solche umherspazierende Adoptivlarve von einer Ameise in's Maul genommen und zu den aufgeschichteten eigenen Larven zurückgetragen wurde. Am täuschendsten gleichen sie den letzteren, so lange sie noch jung sind (bis 3 mm.); später, sobald die Beinchen und Kiefer grösser werden, kann man sie, auch wenn sie mit leicht gekrümmtem Körperende ruhig unter den Ameisenlarven liegen, von diesen leichter unterscheiden; falls man sie umherkriechen sieht, wird die Verwechslung unmöglich. Die erwachsenen Käferlarven sind übrigens auch viel schlanker als eine Ameisenlarve von derselben Grösse. In meinen Nestern von *rufibarbis* hatten sie erst Anfang bis Mitte Juli ihr Wachsthum vollendet (6—7 mm.) und verschwanden dann zur Verpuppung in der Erde; bei *sanguinea* waren sie schon früher ausgewachsen (vgl. n°. IV, Kap. 2, S. 63). Bisher ist noch kein Käfer erschienen (18 August).

2. Wahrscheinlich haben schon manche Ameisenforscher und Myrmecophilenfreunde vor mir diese Larven in den *Formica*-Nestern gesehen, aber wegen ihrer täuschenden Maske nicht beachtet. Dr. Aug. Forel scheint zuerst auf sie aufmerksam geworden zu sein; auf derartige Larven beziehen sich ohne Zweifel die Mittheilungen p. 427 und 325 der « *Fourmis de la Suisse* ». Forel beobachtete sie bei *F. rufa*, *sanguinea*, *rufibarbis* und *Polyergus rufescens*. Er sah, wie einmal eine solche Larve von *F. sanguinea* gefüttert wurde und constatirt, dass sie überhaupt von den Ameisen gleich der eigenen Brut behandelt werden. *F. rufa* sah er bei einem Wohnungswechsel die Larven in das neue Nest hinüber tragen, *rufibarbis* mit denselben sich flüchten. Die übrigen Wahrnehmungen Forel's werden bei den internationalen Beziehungen der Ameisengäste zu erwähnen sein. Leider ist es Forel noch nie gelungen, das vollkommene Insekt aus diesen Larven zu erziehen; sie verschwanden, nachdem sie erwachsen waren, und Forel glaubt, dass sie zur Verpuppung die Ameisennester verlassen. Hoffentlich haben meine Zuchtresultate günstigeren Erfolg.

Uebrigens glaube ich, dass sich schon jetzt feststellen lässt, wenn die Larven angehören. Es sind höchst wahrscheinlich die Larven von *Atemeles* und *Lomechusa*; die von mir hier gefundenen sind wohl auf die kleineren *Atemeles*-Arten (*emarginatus* und *paradoxus*) zu beziehen; bei Forel lässt die Längenangabe « 4—8 mm. » darüber schwerer entscheiden. J. Sahlberg hatte wahrscheinlich *Lomechusa*-Larven vor sich (vgl. n°. I, S. 9 und n°. IV, S. 63).

Folgendes sind die Gründe hiefür:

a. Dass es sich um Staphyliniden-Larven handle und zwar um solche, die zu den Aleocharini gehören, ist kaum zu bezweifeln. Ich habe in den letzten Monaten die Larven von *Dinarda dentata* in meinen *sanguinea*-Nestern in Menge beobachtet und aufgezogen; der vorzüglichste Unterschied, der zwischen den *Dinarda*-Larven und den fraglichen Adoptivlarven obwaltet, besteht darin, dass letztere kürzere Beine und Fühler, keine Augen und eine etwas mehr walzige Gestalt haben [1]); die Reduction der Sinnesorgane und die den Ameisenlarven ähnlichere Form ist aber durch die eigenthümliche Lebensweise dieser Larven bedingt.

b. Die betreffenden Larven gehören höchst wahrscheinlich myrmecophilen Aleocharinen an. Sie sind regelmässige Ameisengäste in der Schweiz (Forel), in Schweden (J. Sahlberg) und in Holland. Unter den myrmecophilen Aleocharinen können sie aber zu den *Dinarda* und *Myrmedonia* nicht gehören, deren Larven ich hier beobachtet habe, noch weniger zu anderen kleineren Gattungen; also bleiben nur *Atemeles* und *Lomechusa* übrig. Ferner obwaltet bei den regelmässig myrmecophilen Staphyliniden eine auffallende Aehnlichkeit zwischen der Lebensweise der Käfer und ihrer Larven; so (nach meinen Beobachtungen) bei den *Dinarda*, *Thiasophila*, *Myrmedonia*. Also werden auch die Larven von *Atemeles* und *Lomechusa* in einem analogen Verhältnisse zu den Ameisen stehen wie die Käfer; die gesuchte Lebensweise finden wir aber bei den fraglichen von Forel, Sahlberg und mir erwähnten Adoptivlarven.

---

1) Ferner ist der Kopf und das erste Rückensegment relativ etwas kleiner als bei den *Dinarda*-Larven, die ich bei späterer Gelegenheit beschreiben werde.

c. Grösse, Fundort und Zeit des Vorkommens sprechen dafür, dass die von J. Sahlberg bei *F. sanguinea* Anfangs Juli gefundenen Larven wirklich der *Lomechusa strumosa* angehören.

d. Dagegen sind die hier von mir bei *F. rufibarbis* gefundenen Larven den *Atemeles* angehörig, wahrscheinlich *At. emarginatus*, vielleicht auch *paradoxus*. Hiefür spricht:

1°. Ihre geringere Grösse, die sie von Sahlberg's *Lomechusa*-Larven unterscheidet.

2°. Ihr Fundort bei *F. rufibarbis*. Die *Lomechusa* machen ihre Entwicklung bei *F. sanguinea* durch (vgl. n°. IV, Kap. 2, S. 62, über die Eierablage von *L. strumosa*).

3°. Die Zeit ihres Vorkommens; dieselbe stimmt genau zur normalen Fortpflanzungszeit der *Atemeles emarginatus* und *paradoxus*. Letztere paaren sich nämlich Mitte April bis Anfang Mai; daher können Anfang und Mitte Juni schon halberwachsene Larven zu finden sein; dagegen ist die normale Paarungszeit der *Lomechusa strumosa* erst Ende Mai und Anfang Juni.

4°. Ihre grosse Zahl in den betreffenden *rufibarbis*-Nestern. Dieselbe steht nur zur Häufigkeit der *Atemeles* an jener Oertlichkeit im Verhältnisse. Dagegen findet sich *L. strumosa* in keinem der umliegenden zahlreichen Nester von *F. sanguinea*, etc., sondern erst in bedeutender Entfernung von jenem Platze.

5°. Die schon früher (n°. III, Kap. 4 und 5, S. 31 ff.) berichteten Thatsachen, dass nämlich die *Atemeles* nach der Paarung die *Myrmica*-Nester verlassen und dann einzeln bei *Formica*-Arten sich einstellen: dort sind also ihre Larven zu suchen, da sie bei *Myrmica* nicht zu finden sind. In diesem Frühling und Sommer (1888) habe ich die früheren Versuche unter noch günstigeren Umständen wiederholt; ich hielt in geräumigen Lubbock'schen Nestern bei *Myrmica scabrinodis* eine grosse Zahl (mehrere Dutzende) von *Atemeles emarginatus*, beobachtete sehr häufige Paarungen, konnte aber trotz der günstigen Nestbeschaffenheit weder die Eierablage noch eine Larve von *Atemeles* entdecken.

3. Die Beziehungen der von mir bei *F. rufibarbis* gefundenen

Atemeles-Larven zu fremden Kolonien derselben Art und zu fremden Ameisenarten gehören nicht hieher sondern zu den internationalen Beziehungen der Ameisengäste. Desshalb erwähne ich sie nur so weit es erforderlich ist, um über die Entwicklungsgeschichte der *Atemeles* einiges Licht zu verbreiten. Bei allen *rufibarbis* wurden sie sogleich eifrig adoptirt und gepflegt; dessgleichen bei *sanguinea* (vgl. n°. III, S. 63); bei *fusca* wurden sie anfangs adoptirt, später getödtet und aufgefressen; bei *M. scabrinodis* und *rugulosa* getödtet und aufgefressen, und zwar am raschesten bei solchen Kolonien, die gerade *Atemeles* (*emarginatus*) besassen; letztere halfen beim Verzehren derselben eifrig mit.

Letztere Wahrnehmungen scheinen auf eine einfache Weise zu erklären, wesshalb die *Atemeles* nicht bei ihren normalen Wirthsameisen ihre Verwandlung durchmachen. Die Beziehung, die ich früher zwischen dem parasitischen Charakter der *Atemeles* (gegenüber den unbedeckten Puppen der *Myrmica*) und der Zeit ihres Vorkommens bei *Myrmica* etc. nachgewiesen (n°. III, Kap. 6, S. 36 ff.), wird hierdurch nicht beeinträchtigt. Eine tiefere Erörterung dieser interessanten Verhältnisse ist erst nach Behandlung der internationalen Beziehungen der Ameisengäste möglich, wesshalb ich hier nicht darauf eingehe.

4. Die Entwicklungsgeschichte von *Atemeles* (*emarginatus* und *paradoxus*) würde sich nach den obigen und den früheren Mittheilungen folgendermassen gestalten: Nachdem sich die Käfer noch in den *Myrmica*-Nestern gepaart, verlassen sie dieselben, durchschnittlich bis Ende April oder Anfang Mai. Dann suchen sie die Nester von *Formica rufibarbis*, wohl auch von anderen Arten derselben Gattung, die zur Adoption von Larven aus fremden Kolonien sehr geneigt sind, auf, schleichen sich in dieselben ein und legen ihre Eier ab. Die jungen Larven beginnen in den Nestgängen umherzukriechen, werden von den Ameisen für ihre eigenen Larven gehalten und zu der jungen Brut getragen, woselbst sie die Eier ihrer Pflegerinnen verzehren und sich von letzteren füttern lassen; später fressen sie auch an den aus den

Cocons gezogenen Puppen. Zur Verpuppung reif, verstecken sie
sich in abgelegenen Nesttheilen in der Erde. Im September kommen
die jungen Käfer hervor, verlassen die *Formica*-Nester und suchen,
durch ihren Geruch geleitet [1]), die *Myrmica* auf, bei denen sie
überwintern und bis zur Paarung im nächsten Frühling als Gäste
verweilen.

Eine vielleicht nur durch die künstlichen Existenzbedingungen
veranlasste Ausnahme von diesem Entwicklungskreislauf beobachtete
ich diesen Frühling und Sommer. In einem sehr gut gehaltenen
Neste von *Myrmica scabrinodis* blieben drei *Atemeles emarginatus*
(von den ursprünglichen circa 24) bis Mitte Juli am Leben, einer
sogar bis Mitte August. Die Ameisen hatten zwar eine Anzahl
Puppen von ♂, ♀ und ☿, die sich glücklich entwickelten, erhielten
aber sehr reichliche Nahrung; hieraus erklärt sich vielleicht, dass
sie die *Atemeles* duldeten und dass diese sich nicht an den Puppen
vergriffen. Vermuthlich waren jene Individuen von *Atemeles* nicht
zur Paarung gelangt, wodurch ihre Lebensdauer anormal ver-
längert wurde. Aus solchen Erscheinungen in künstlichen Nestern
liesse es sich übrigens auch erklären, wenn man manchmal noch
im Sommer vereinzelte *Atemeles* bei *Myrmica* findet.

2. **Beschreibung der muthmasslichen Larven
von *Atemeles emarginatus* [2]).**

Die ausgewachsene Larve (Fig. 1).

Körper etwas platt gedrückt, fast gleichbreit, erst an der Spitze
verschmälert, hinten sanft nach oben gekrümmt, gelblich weiss,
mässig dicht mit abstehenden Haaren besetzt. Kopf klein, nieder-
gebeugt, viel schmäler als das erste Rückensegment, fast doppelt
so breit als lang. Stirn mit zwei tiefen, breiten, bogenförmigen
Eindrücken, die nach hinten einen Winkel bilden. Fühler sehr
kurz, unter den seitlichen Stirnvorsprüngen gelegen, aus zwei

---

1) Die in n°. III, Kap. 7, S. 42 erwähnte Uebereinstimmung des *Atemeles*-
und *Myrmica*-Geruches leistet ihnen hiebei ohne Zweifel gute Dienste.
2) Fig. 2 bis 6 sind in demselben Massstabe vergrössert (60 mal linear. —
Microscop Hartnack und Camera lucida Doyère).

deutlichen Gliedern bestehend (deren erstes kurz ringförmig, das zweite viel schmäler, fast eiförmig ist) und aus einem undeutlichen Spitzengliede. Augenpunkte fehlen.

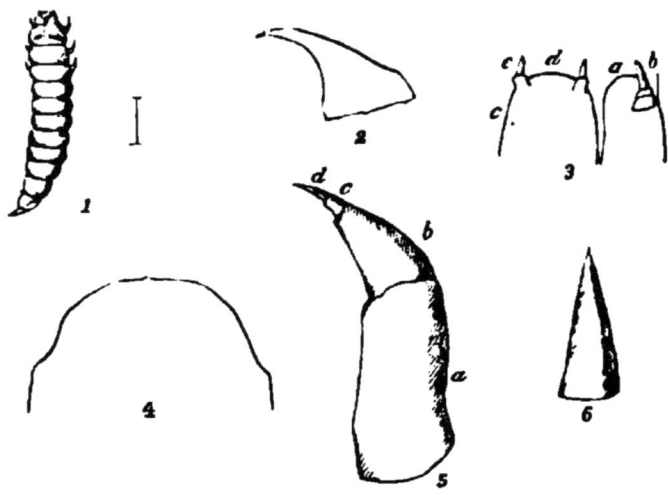

Oberlippe (Fig. 4) quer, vorn flach gerundet, in der Mitte des Vorderrandes mit einem schwachen, kaum vorspringenden Kiele. Oberkiefer (Fig. 2) kräftig, einfach, mit scharfer, schwarzbrauner Spitze. Die unteren Mundtheile von weicher, schwammiger Consistenz. Unterkiefer (Fig. 3, *a*) verkümmert, einen vorne abgerundeten, häutigen Lappen bildend; auf der Aussenseite derselben sind die gleichfalls schwach ausgebildeten dreigliedrigen Kiefertaster (Fig. 3, *b*) angefügt; Glied 1 und 2 breiter als lang, ringförmig, 3 länger als die beiden vorhergehenden zusammen und viel schmäler als diese, sanft zugespitzt. Unterlippe (Fig. 3, *c*) im Verhältniss zu den Unterkiefern weit vortretend, mit breit zugerundeter Zunge (Fig. 3, *d*), die jedoch vom Stamme der Unterlippe sich nicht deutlich absetzt. Lippentaster (Fig. 3, *e*) schwach entwickelt, zweigliedrig, Glied 1 kurz walzenförmig, 2 länger und schmäler als 1, sanft zugespitzt.

Das erste Rückensegment ein wenig schmäler, aber fast um die Hälfte länger als das zweite, auf der vorderen Hälfte mit einer feinen Mittellinie (die jedoch bei anderen Exemplaren fehlt), auf der hinteren Hälfte jederseits mit einem Quereindruck; auch die folgenden Segmente zeigen ähnliche mehr oder minder deutliche Eindrücke. Zweites und drittes Rückensegment stark quer, an Länge und Breite von einander kaum verschieden. Hinterleib aus 9 deutlichen Ringen bestehend, die 6 ersten ungefähr so breit wie die Thoraxsegmente, an Länge kaum zunehmend, 7 und 8 stark verschmälert, 9 sehr klein, viel schmäler und kürzer als die vorhergehenden, mit einem kurzen kegelförmig zugespitzten Anhang. Alle Segmente sind sowohl in der Breite wie in der Länge gewölbt, glatt.

Beine kurz, Hüften vorragend, im Vergleich zu den folgenden Theilen kräftig entwickelt. Schenkel (Fig. 5, *a*) fast gleichbreit; Schienen (Fig. 5, *b*) nur halb so lang, gegen die Spitze allmählich verschmälert; Fuss mit einem Tarsengliede (Fig. 5, *c*) und einer langen braunen, hornigen, spitzen Kralle (Fig. 5, *d*).

Länge 6 bis 7 mm.; Breite circa 1,3 mm.

Die junge Larve unterscheidet sich von der erwachsenen vorzüglich in folgenden Punkten: Die Körpergestalt ist walziger, gleichmässiger gekrümmt, nach vorne und hinten stärker verschmälert, der Kopf kleiner, weiter vorgestreckt, überhaupt der ganze Habitus einer jungen *Formica*-Larve ähnlicher. Ihre Farbe ist heller, mehr milchweiss. Die Fühler sind zwar relativ eher länger, aber weniger differenzirt, ein kegelförmiges Zäpfchen bildend. Die Beine sind kürzer; Schenkel, Schienen und Füsse bilden zusammen nur einen kegelförmigen Zapfen mit feiner horniger Spitze (Fig. 6).

Von J. Sahlberg's *Lomechusa*-Larven (*Meddel. af Soc. pro Faun. et Flor. Fenn.*, IX, p. 92, 93 cum Tab.) unterscheiden sich die hier beschriebenen Larven nur durch geringere Grösse, schwächer nach oben gekrümmtes Hinterleibsende, stärkere Stirneindrücke und durch die (allerdings manchmal fehlende) Längslinie auf der vorderen Hälfte des ersten Rückensegmentes. Andere Unterschiede konnte ich nicht sicher feststellen, da mir die von Sahlberg gefundenen Larven nur aus dessen Beschreibung bekannt sind.

Es sei nochmals darauf hingewiesen, dass die Sinnes- und Bewegungsorgane und die meisten unteren Mundtheile dieser Larven, im Vergleiche zu den Larven von *Dinarda dentata* und anderen Aleocharinen, auffallend reduzirt sind, entsprechend ihrer eigenthümlichen Lebensweise. Im Mangel der Augen, in der Kürze der Fühler und Beine, in der schwachen Entwicklung der Taster, in der Verkümmerung der Unterkiefer (die z. B. bei den räuberischen Larven von *Dinarda* viel weiter entwickelt sind) tritt dies besonders hervor. Die breite, vorn abgerundete Zunge, die den Vorderrand der weit vortretenden Unterlippe bildet, ist zur Fütterung der Larven durch die Ameisen sehr geeignet und entspricht hierin der Zungenbildung der Imago von *Lomechusa* und *Atemeles* (vgl. n°. III, S. 58 und daselbst Fig. 1 und 2); dagegen besitzt die Zunge der Larven von *Dinarda* einen schmalen, lang eiförmigen Mittelfortsatz. Andererseits bekunden aber die spitzen Oberkiefer der *Atemeles*-Larven auch eine deutliche Beziehung zu ihrer parasitischen Gewohnheit, die Eier und Puppen der Ameisen zu durchbohren und auszusaugen.

BERICHTIGUNG.

In n°. I, S. 9, Zeile 24 in dem Citat der Arbeit von J. Sahlberg lies: S. 89—93 statt 83—97.

Inhaltsübersicht.

		Seite
I.	Historische Vorbemerkungen	1
	Beobachtungsmethoden	10
II.	Kritische Revision der Fundorte von *Atemeles* und *Lomechusa* bei Ameisen.	14
III.	*Atemeles emarginatus* und *paradoxus* und ihr Verhältniss zu ihren normalen Wirthsameisen.	
	1. Näheres über Fundort	26
	2. Zahlenverhältnisse	27
	3. Kreuzung und Varietäten von *Atemeles emarginatus* und *paradoxus*	29
	4. Zeit des Vorkommens bei den *Myrmica*	31
	5. Fortpflanzung, Entwicklung, Lebensdauer	34
	6. Parasitische Beziehungen zu ihren Wirthsameisen	36
	7. Geruch der *Atemeles* und *Myrmica*	42
	8. Allgemeines Benehmen der *Atemeles*	45
	9. Gastverhältniss	47
	10. Folgerungen aus Kap. 8 und 9	56
IV.	*Lomechusa strumosa* F. und ihre Beziehungen zu ihrer normalen Wirthsameise.	
	1. Fundort	59
	2. Paarung und Entwicklung	61
	3. Parasitische Beziehungen	63
	4. Geruch der *Lomechusa*	64
	5. Gastverhältniss	65
	6. Folgerungen aus Kap. 5	71
	Schlussbemerkung	73
V.	Nachtrag.	
	1. Lebensweise und Entwicklung der *Atemeles*-Larven	74
	2. Beschreibung der muthmasslichen Larven von *Atemeles emarginatus*	80
	Berichtigung	83